HOGREFE
FÖRDER-
PROGRAMME

PHONIT

Ein Trainingsprogramm zur Verbesserung der phonologischen Bewusstheit und Rechtschreibleistung im Grundschulalter

von

Claudia Stock und

Wolfgang Schneider

MANUAL

HOGREFE

GÖTTINGEN · BERN · WIEN · PARIS · OXFORD · PRAG · TORONTO
CAMBRIDGE, MA · AMSTERDAM · KOPENHAGEN · STOCKHOLM

HOGREFE FÖRDERPROGRAMME

herausgegeben von

Marcus Hasselhorn und Wolfgang Schneider

Bibliografische Information der Deutschen Nationalbibliothek

Die Deutsche Nationalbibliothek verzeichnet diese Publikation in der Deutschen Nationalbibliografie; detaillierte bibliografische Daten sind im Internet über http://dnb.d-nb.de abrufbar.

Göttingen • Bern • Wien • Paris • Oxford • Prag • Toronto
Cambridge, MA • Amsterdam • Kopenhagen • Stockholm
Rohnsweg 25, 37085 Göttingen

http://www.hogrefe.de
Aktuelle Informationen • Weitere Titel zum Thema • Ergänzende Materialien

Gesamtgestaltung und Satz: Daniel Kleimenhagen, Hildesheim
Druck und Bindung: Druckerei Hubert & Co, Göttingen
Printed in Germany

ISBN 978-3-8017-2329-3
Best.-Nr. 04 252 01

Inhalt

Vorwort der Autoren 7

Vorwort der Herausgeber 8

I THEORETISCHER HINTERGRUND 9

Kapitel 1: Stand der Forschung 11

1.1 Phonologische Bewusstheit und allgemeiner Schriftspracherwerb 11

1.1.1 Phonologische Bewusstheit im weiteren Sinne 11

1.1.2 Phonologische Bewusstheit im engeren Sinne 11

1.1.3 Zum Zusammenhang zwischen phonologischer Bewusstheit i. e. S. und dem Lese-Rechtschreibprozess 11

1.2 Phonologische Bewusstheit und Lese-Rechtschreibschwäche 12

Kapitel 2: Entwicklung und Evaluation eines Trainingsprogramms zur phonologischen Bewusstheit i. e. S. (PHONIT) 14

2.1 Einleitende Überlegungen 14

2.2 Aufbau des Trainingsprogramms PHONIT 15

2.3 Evaluierung des Trainingsprogramms 18

2.3.1 Ablauf der zentralen Evaluierungsstudie 18

2.3.2 Ergebnisse der zentralen Evaluierungsstudie 19

II DAS TRAININGSPROGRAMM 23

Kapitel 3: Trainingsanleitung 25

Kapitel 4: Übungen zu Buchstabe-Laut-Verbindungen 28

4.1 Laute lernen: Einführungsübungen (Ü1 bis Ü32) 28

Ü1 bis Ü5 Vokale 29

Ü6 bis Ü8 Umlaute 29

Ü9 bis Ü12 Zwielaute 29

Ü13 bis Ü32 Mitlaute 30

4.2 Laute Lernen: Wiederholungsübungen (Ü33 bis Ü65) 35

Ü33 bis Ü63 Einzelne Laute wiederholen: Vokale, Umlaute, Zwielaute, Mitlaute 35

Ü64 Mehrere Plosive wiederholen und vergleichen 35

Ü65 Abschließende Wiederholungsübung als Mannschaftsspiel 36

4.3 Laute und lautgetreue Wörter schreiben (Ü66 bis Ü85) 36

Ü66 bis Ü84 Schreibübungen 36

Ü85 Buchstaben auf den Rücken malen 36

Kapitel 5: Phonologische Übungen 38

5.1 Übungen zur Lauterkennung: Anfangslaute, Mittellaute und Endlaute (Ü86 bis Ü132) 38

5.2 Sätze erfinden: Anfangslaute (Ü133) 39

5.3 Inselspiel (Ü134 bis Ü180) 39

5.4 Übungen zur Phonemsynthese und -analyse (Ü181 bis 201) 40
- Ü181 bis Ü191 Laute zusammensetzen ohne Schreibübung (Phonemsynthese) 40
- Ü192 Laute zusammensetzen mit Schreibübung (Phonemsynthese) 40
- Ü193 bis Ü201 Wörter in Laute zerlegen (Phonemanalyse) 40

5.5 Phonem- und Wortumkehraufgaben (Ü202 bis Ü223) 40
- Ü202 bis Ü206 Phonemumkehr (Mannschaftsspiel) 40
- Ü207 bis Ü223 Wortumkehr mit Schreibübung 40

5.6 Silbenschwingen (Bewegungsspiel) (Ü224) 41

5.7 Übungen zum Erkennen der Vokallänge (Ü225 bis Ü230) 41
- Ü225 Einführende Vergleichsübung 41
- Ü226 bis Ü230 Wörter mit langem Vokal erkennen 41

Kapitel 6: Phonologische Schreibspiele 43

6.1 Schlangenspiel (Ü231 bis Ü260) 43

6.2 Hamsterspiel (Ü261 bis Ü286) 44

Kapitel 7: Einführung von Rechtschreibregeln mit anschließenden Schreibübungen 46

7.1 Konsonantendopplung (Ü287 bis Ü292) 46
- Ü287 Dopplungsregel einführen 46
- Ü288 Dopplungsregel wiederholen 47
- Ü289 Vertiefende Wortstammübungen zur Konsonantendopplung 48
- Ü290 Konsonantendopplung am Wortende 48
- Ü291 bis Ü292 Spezialfälle der Konsonantendopplung <ck> und <tz> 49

7.2 Dehnungs-h (Ü293 bis Ü298) 50
- Ü293 bis Ü297 Regeln zum Dehnungs-h einführen und wiederholen 50
- Ü298 Vertiefende Wortstammübungen zum Dehnungs-h 52

7.3 ie-Schreibung (Ü299) 52

7.4 Auslautverhärtung (Ü300 bis Ü306) 53
- Ü300 Einführung 54
- Ü301 bis Ü303 Schreibübungen zur Einführung 54
- Ü304 bis Ü306 Schreibübungen zur Wiederholung 55

7.5 Wörter mit <sp> und <st>(Ü307 bis Ü317) 55
- Ü307 bis Ü315 Schreibung mit <sp> und <st> einführen und wiederholen 55
- Ü316 Schreibübung als Mannschaftsspiel 57
- Ü317 Vertiefende Wortstammübung zum <sp> und <st> 57

7.6 Wörter mit <v> und entsprechenden Vorsilben (Ü318 bis Ü320) 58
- Ü318 Einführungsübung zu Wörtern mit <v> 58
- Ü319 Gruppenübung zu Vorsilben mit <v> 59
- Ü320 Vertiefende Wortstammübung zu Wörtern mit <ver> und <vor> 59

7.7 Wörter mit Substantivendungen (Ü321 bis Ü322) 59
- Ü321 Substantivendungen einführen und wiederholen 60
- Ü322 Mannschaftsspiel „Endungen heraushören“ 60

7.8 Allgemeine Wortstammübungen (Ü323 und Ü324) 61
- Ü323 Einführung mit Schreibübung 61
- Ü324 Wiederholung 62

7.9 Silbendiktate (Ü325 bis Ü333) 62

7.10 Diktate (Ü334 bis Ü337) 62

Kapitel 8: Leseübungen 64
8.1 Wörter lesen (Ü338 bis Ü339) 64
Ü338 Einfache Leseübung 64
Ü339 Kombinierte Lese- und Schreibübung 64
8.2 Sätze lesen (Ü340) 64

Kapitel 9: Leitfäden zur selbständigen, themenzentrierten Lektionengestaltung 65

Literaturverzeichnis 79

Anhang: Tabellen mit Übungswörtern 81

CD-ROM

Die CD-ROM enthält PDF-Dateien aller Arbeitsmaterialien (Arbeitsblätter, Folien, Mitmachkarte, Urkunde), die zur Durchführung des Trainingsprogramms notwendig sind.

Die PDF-Dateien könnten mit dem Programm Acrobat® Reader (eine kostenlose Version ist im Internet unter www.adobe.com/products/acrobat erhältlich) gelesen und ausgedruckt werden.

Vorwort der Autoren

Das Erlernen des Lesens und Schreibens ist eine der wichtigsten Aufgaben, die ein Kind im Grundschulalter zu bewältigen hat. Mehr als 5 % der Grundschulkinder scheitern jedoch an dieser Aufgabe und werden im Laufe ihrer Grundschulzeit als lese-rechtschreibschwach eingestuft. Weitere 15 bis 20 % gelten als „Risikokinder", die ohne intensives Üben Schriftsprachkompetenzen nicht in einem angemessenen Umfang erwerben. Diesen Kindern widmet sich dieses Trainingsprogramm. Ziel war es, Übungseinheiten für Grundschüler/innen zu entwickeln, die:

- sowohl im täglichen Unterricht als auch im Förderunterricht oder in separaten Therapiesitzungen eingesetzt werden können,
- nach dem Baukastensystem gestaltet sind, damit man ganz gezielt an Schwachstellen der Schüler/innen ansetzen kann,
- sich an den Erkenntnissen der aktuellen Forschung zum Schriftspracherwerb und den dabei auftretenden Problemen orientieren und
- nachweislich einen Nutzen bringen.

Mit dem PHONIT ist es aus unserer Sicht gelungen, diese vier Teilziele zu verwirklichen. Wir hoffen nun, dass sich das Verfahren in der Praxis ebenso bewähren wird wie in der im Manual beschriebenen Evaluationsstudie, damit möglichst viele Kinder mit Problemen beim Rechtschreiben eine wirksame Förderung erfahren können.

An der Entwicklung des PHONIT waren viele Personen und Institutionen beteiligt, ohne deren Unterstützung ein Gelingen nicht möglich gewesen wäre und denen wir deshalb großen Dank schulden. Zunächst möchten wir den Kultusministerien der Bundesländer Baden-Württemberg und Mecklenburg-Vorpommern, der Regierung von Unterfranken und dem Oberschulamt Leipzig, die die rechtliche Basis für die Durchführung unserer Studie schufen, für ihre erfreulich unbürokratische und tatkräftige Unterstützung herzlich danken. An dieser Stelle sei auch die große Schar an Test- und Trainingsleitern erwähnt, die unsere Studie vor Ort unterstützt haben. Ein besonders herzlicher Dank gilt natürlich den Schülerinnen und Schülern sowie ihren Eltern und den Lehrerinnen und Lehrern, die an der Erprobung und Evaluierung des Verfahrens beteiligt waren, denn ohne ihre aktive Mitarbeit, Unterstützung und Test- sowie Trainingsteilnahme hätte der PHONIT nicht entstehen können. Schließlich möchten wir auch dem Hogrefe Verlag für die aktive Förderung der Trainingsentwicklung Dank sagen.

Wir sind zuversichtlich, dass bei so viel kompetenter und wohlwollender Unterstützung letztendlich ein Trainingsinstrument entstanden ist, mit dem die oben dargelegten Zielstellungen erreicht werden können. Rückmeldungen von Anwendern aus Praxis wie Wissenschaft sind uns stets willkommen.

Würzburg, im August 2010

Claudia Stock
und Wolfgang Schneider

Vorwort der Herausgeber

Nach wie vor haben viele Schulkinder Schwierigkeiten damit, sich das Lesen und Schreiben in der Grundschule ausreichend schnell und problemlos anzueignen. Ein in jüngerer Zeit eher noch zunehmend großer Prozentsatz der Schülerinnen und Schüler wird von Grundschullehrerinnen als lese-rechtschreibschwach eingestuft. Damit einher geht die Gefahr, wichtige Bildungsziele nicht zu erreichen. Wenn auch die Notwendigkeit frühzeitiger Fördermaßnahmen für diese Risikokinder allgemein eingesehen wird, so fehlt es doch immer noch an geeigneten Konzeptionen und Materialien, die sich sowohl im täglichen Unterricht als auch im speziellen schulischen Förderunterricht wie auch in außerschulischen Therapiesitzungen verwenden lassen und die nachweislich im Sinne der Förderziele wirksam sind.

Mit dem PHONIT wird nun ein Trainingsprogramm vorgelegt, das flexibel handhabbar und so konzipiert ist, dass man es sowohl im Regelunterricht als auch in speziellen Trainingsprogrammen nutzen und direkt an den besonderen Schwachstellen der betroffenen Schülerinnen und Schüler ansetzen kann. Das Verfahren orientiert sich an den neuesten wissenschaftlichen Erkenntnissen zum Schriftspracherwerb, seine Wirksamkeit wurde in einer Evaluationsstudie empirisch nachgewiesen. Es ist ihm zu wünschen, dass es sich in der pädagogisch-psychologischen Praxis bewähren wird. Wir sind zuversichtlich, dass mithilfe dieses Verfahrens vielen potentiell gefährdeten Schülerinnen und Schülern ein schulisches Versagen erspart bleiben kann.

Frankfurt, Würzburg und Tübingen, Januar 2011

Marcus Hasselhorn
Wolfgang Schneider
und Ulrich Trautwein

I THEORETISCHER HINTERGRUND

Kapitel 1: Stand der Forschung

Die Psychologie und angrenzende Wissenschaften beschäftigen sich seit über 100 Jahren mit dem Phänomen, dass manche Kinder trotz ausreichender intellektueller Voraussetzungen erhebliche Probleme beim Schriftspracherwerb aufweisen. Bei der damit einhergehenden Suche nach Ursachen dieser Störung einerseits und nach generellen Einflussgrößen für den Schriftspracherwerb andererseits konnten insbesondere in den letzten drei Jahrzehnten große Fortschritte erzielt werden. Ein wesentliches Ergebnis dieser Forschungsarbeiten besteht darin, dass sich die phonologische Bewusstheit als wesentliche kognitiv-sprachliche Voraussetzung für den Schriftspracherwerb herausgestellt hat.

1.1 Phonologische Bewusstheit und allgemeiner Schriftspracherwerb

Unter phonologischer Bewusstheit versteht man das „... Phänomen, dass Sprache aus distinkten lautlichen Einheiten bestehend wahrgenommen und mit diesen lautlichen Segmenten analytisch und/oder synthetisch umgegangen werden kann ..." (Mannhaupt & Jansen, 1989). Allgemeiner formuliert geht es um die Fähigkeit von Kindern, die Lautstruktur der gesprochenen Sprache analysieren und damit operieren zu können.

1.1.1 Phonologische Bewusstheit im weiteren Sinne

Einer gebräuchlichen wissenschaftlichen Unterscheidung zufolge differenziert man zwischen phonologischer Bewusstheit im weiteren und im engeren Sinne (Skowronek & Marx, 1989). Die phonologische Bewusstheit im weiteren Sinne (i.w.S.) bezieht sich auf größere lautliche Einheiten wie Wörter, Silben und Reime. Sie bildet sich auch ohne Kenntnis des alphabetischen Prinzips heraus und wird bereits im Vorschulalter von den meisten Kindern beherrscht. In einer Vielzahl von Studien ließen sich zudem signifikante Zusammenhänge zwischen dem Ausprägungsgrad der phonologischen Bewusstheit i.w.S. und späteren schriftsprachlichen Leistungen zeigen (vgl. z.B. Bradley & Bryant, 1985; Bryant, Bradley, MacLean & Crossland, 1989 sowie Näslund, 1990).

1.1.2 Phonologische Bewusstheit im engeren Sinne

Im Gegensatz zur phonologischen Bewusstheit i.w.S. wird die phonologische Bewusstheit im engeren Sinne (i.e.S.) meist erst nach dem Schuleintritt, also nach den ersten Erfahrungen mit dem orthografischen System (und damit dem Lese- und Schreiblehrgang) entwickelt (s. Schneider, 1997), denn sie bezieht sich auf die Phone als kleinste lautliche Einheiten, deren Differenzierung für den Lese- und Schreibprozess von Bedeutung ist. Während der Grundschulzeit und sogar bis ins Erwachsenenalter besteht eine enge Beziehung zwischen der phonologischen Bewusstheit und den Leistungen im Lesen und Rechtschreiben (Bruck, 1992; Pratt & Brady, 1988). Trotz der Unklarheit über die genauen Abhängigkeitsstrukturen zwischen der phonologischen Bewusstheit und den Schriftsprachfertigkeiten ist ein bedeutsamer Einfluss der phonologischen Bewusstheit sowohl auf das Lesen als auch auf das Rechtschreiben hinreichend belegt. In vielen Studien – auch aus dem deutschen Sprachraum – zeigten sich substantielle Korrelationen zwischen der Leistung in verschiedenen Aufgaben zur phonologischen Bewusstheit und der Lese- oder der Rechtschreibleistung sowohl für Kinder als auch für Erwachsene (z.B. Bradley & Bryant, 1983; Näslund & Schneider, 1993; Schneider & Näslund, 1999).

1.1.3 Zum Zusammenhang zwischen phonologischer Bewusstheit i.e.S. und dem Lese-Rechtschreibprozess

Verdeutlichen lässt sich die Relevanz der phonologischen Bewusstheit z.B. am „Modell der zweifachen Zugangswege" von Coltheart (1978). In diesem Modell (siehe Abbildung 1) werden zwei Möglichkeiten der Worterkennung beim Lesen beschrieben, nämlich die phonologische Rekodierung („indirektes Lesen" über das Lautieren der einzelnen Buchstaben) und der direkte Zugang (Abruf der Wörter ohne Übersetzung der einzelnen Buchstaben in Laute). Beide Möglichkeiten bestehen beim Lesen nebeneinander, wobei Leseanfänger zunächst auf die indirekte Route angewiesen sind und sich erst mit zunehmender Lesekompetenz die Möglichkeit eröffnet, den direkten Zugang zu wählen.

Die Entscheidung darüber, welcher Zugangsweg verwendet wird, hängt nicht nur vom Entwicklungsstand des Lesers, sondern auch vom zu lesenden Material ab.

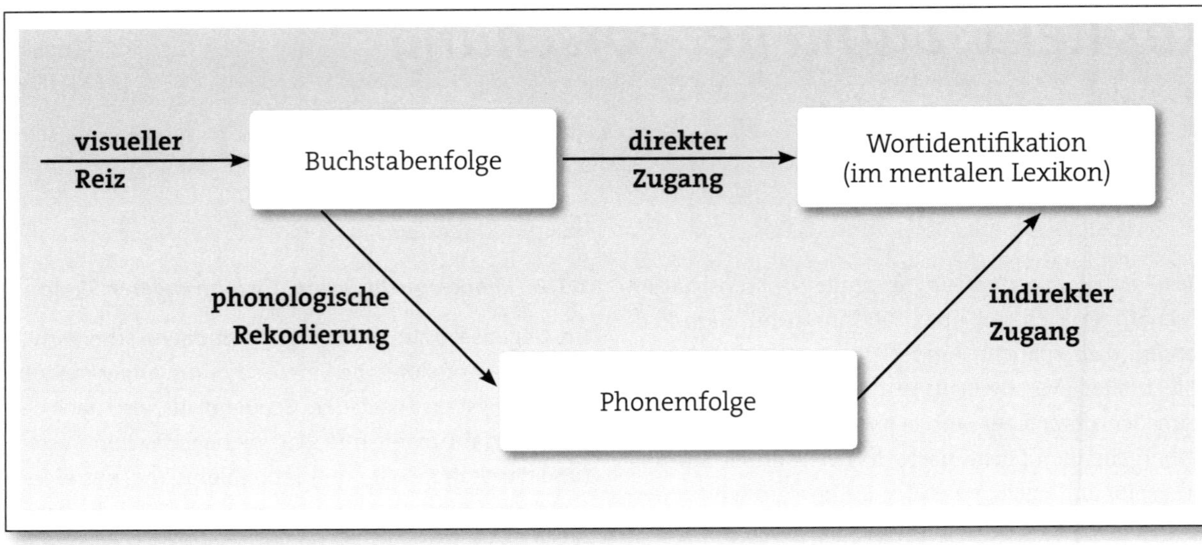

Abbildung 1: *Modell der zweifachen Zugangswege beim Worterkennen von Coltheart (1978) – in Anlehnung an Klicpera und Gasteiger-Klicpera (1998)*

Bei unbekannten Wörtern verwenden auch geübte, erwachsene Leser den indirekten Zugangsweg. Der direkte Abruf ist umso häufiger und leichter möglich, je mehr Wörter ein Leser in seinem mentalen Lexikon abgespeichert hat.

Dies bedeutet aber umgekehrt, dass ungeübte Leser – also auch Grundschulkinder – überwiegend die phonologische Rekodierung zur Worterkennung benutzen, bis auch der direkte Zugang durch die Herausbildung des mentalen Lexikons zunehmend leichter möglich wird. Die phonologische Rekodierung, d.h. die Zerlegung der geschriebenen Wörter in Einzelbuchstaben, deren Verknüpfung mit den entsprechenden Einzellauten und schlussendlich deren korrekte Synthese ist umso besser und treffsicherer möglich, je ausgeprägter die Einsicht in die basalen Einheiten der Sprachwahrnehmung und -produktion ist (Klicpera & Gasteiger-Klicpera, 1998). Umgekehrt beinhaltet der Rechtschreibprozess die Analyse von Wörtern in ihren Einzellauten, die dann in Buchstaben übersetzt werden können.

1.2 Phonologische Bewusstheit und Lese-Rechtschreibschwäche

Wie die oben angeführten Studien zeigen, konnte ein signifikanter Zusammenhang zwischen phonologischer Bewusstheit i.w.S. und späteren Lese-Rechtschreibleistungen nachgewiesen werden. Mit anderen Worten: Vorschulkinder mit einer gering ausgeprägten phonologischen Bewusstheit i.w.S. sind gefährdeter als andere gleichaltrige Kinder, in der Grundschulzeit eine Lese-Rechtschreibschwäche auszubilden. In der Folge wurden wissenschaftlich fundierte Diagnoseinstrumente und Trainingsprogramme entwickelt, mit denen bereits Vorschulkinder auf spielerische Art und Weise die phonologische Bewusstheit i.w.S. einüben können. Im deutschsprachigen Raum sind hier für die vorschulische Diagnostik besonders das Bielefelder Screening (BISC) von Jansen, Mannhaupt, Marx und Skowronek (1998) sowie für den Schulbeginn der Gruppentest zur Frühdiagnostik von Lese-Rechtschreibschwierigkeiten (PB-LRS) von Barth und Gomm (2004) zu nennen. Im Hinblick auf die Frühförderung haben vor allem die beiden Programme „Hören, lauschen, lernen" von Küspert und Schneider (2008) und darauf aufbauend „Hören, lauschen, lernen 2" von Plume und Schneider (2004) größere Verbreitung erfahren. Diese Verfahren fördern sowohl die phonologische Bewusstheit im weiteren Sinne (i.w.S.) als auch einleitend diejenige im engeren Sinne (i.e.S).

Die besondere Relevanz der phonologischen Bewusstheit i.e.S. für den Schriftspracherwerb konnte ebenfalls wissenschaftlich belegt werden. So haben individuelle Unterschiede in der phonologischen Bewusstheit i.e.S., wie sie kurz vor oder nach Schulbeginn erfasst werden, einen bedeutsamen Vorhersagewert für die spätere Entwicklung der Lese-Rechtschreibkompetenz (s. etwa Schneider, 2008; Schneider & Näslund, 1999). Die Ergebnisse verschiedener nationaler und internationaler Studien sprechen weiterhin übereinstimmend dafür, dass bei einem großen Anteil der LRS-Kinder eine spezifische phonologische Schwäche i.e.S. vorliegt (vgl. z.B. Castles & Coltheart, 1993 sowie Stanovich, Siegel, Gottardo, Chiappe & Sidhu, 1997). Es kann also davon ausgegangen werden, dass ein großer Prozentsatz lese-rechtschreibschwacher Grundschulkinder ein gravierendes Defizit im phonologischen Bereich aufweist, das durch gezielte Förderung zu überwinden ist. Aus dieser Überlegung heraus wurde zunächst – mit freundlicher

Unterstützung des Hogrefe-Verlages – der BAKO 1-4 (Basiskompetenzen für Lese-Rechtschreibleistungen; Stock, Marx & Schneider, 2003) konzipiert. Der BAKO 1-4 ist ein Test zur multidimensionalen Erfassung der phonologischen Bewusstheit i. e. S. vom ersten bis vierten Grundschuljahr. Mit diesem Diagnoseinstrument ist es im deutschsprachigen Raum erstmals möglich, den spezifischen Förderbedarf von Kindern über das gesamte Grundschulalter hinweg festzustellen.

Angesichts der besonderen Relevanz phonologischer Kompetenzen für den Schriftspracherwerb schien es notwendig, zusätzlich zu einem umfassenden Diagnoseinstrument auch ein darauf abgestimmtes Förderprogramm zu entwickeln, das im Grundschulbereich einsetzbar ist. Das im Folgenden näher beschriebene PHONIT-Programm soll diesen Zweck erfüllen.

Kapitel 2: Entwicklung und Evaluation eines Trainingsprogramms zur phonologischen Bewusstheit i. e. S. (PHONIT)

2.1 Einleitende Überlegungen

Betrachtet man das derzeit verfügbare Angebot an wissenschaftlich fundierten Trainingsmaßnahmen zur Förderung der phonologischen Bewusstheit i. e. S. im Grundschulalter, so findet man nur wenig oder kaum geeignetes Material. Für Schulanfänger stellt das von Forster und Martschinke (2001) entwickelte Förderprogramm eine rühmliche Ausnahme dar. Dennoch gilt, dass ein Trainingsprogramm, das hauptsächlich die phonologische Bewusstheit i. e. S. von Grundschülern *erfolgreich* fördert und auch für ältere Grundschüler anwendbar ist, im deutschsprachigen Raum bisher nicht entwickelt wurde. In Anbetracht der Relevanz der phonologischen Bewusstheit i. e. S. für den Schriftspracherwerb stellte das Fehlen eines evaluierten Trainingsprogramms für die Grundschule eine große Lücke auf dem Trainingsmarkt dar. Unsere Konzeption eines solchen Programms basierte auf folgenden Überlegungen:

1. Aus verschiedenen Studien zur LRS-Forschung (vgl. z. B. Näslund, 1990; Küspert, 1998) wird deutlich, dass möglichst frühzeitig, d. h. bereits im Vorschulalter oder spätestens mit dem Schuleintritt, präventiv eine Förderung der phonologischen Bewusstheit stattfinden sollte, damit sich Schwächen im Lesen und Schreiben erst gar nicht manifestieren. Allerdings ist zu bedenken, dass eine flächendeckende Schulung der phonologischen Bewusstheit i. w. S. im Kindergarten oder in der Vorschule bei weitem nicht stattfindet und es zudem noch immer eine große Anzahl von Kindern gibt, die diese Einrichtungen nicht besuchen.
   Aufgrund dessen scheint es wichtig, diese Förderung auch in der Grundschulzeit fortzusetzen, da mit dem Schuleintritt und selbst mit Beendigung des Erstlese- und -schreibunterrichts die Ausbildung der phonologischen Bewusstheit keineswegs abgeschlossen ist. Sie entwickelt sich in den folgenden Jahren durch die Einsicht in das alphabetische System unserer Sprache und durch den fortschreitenden Rechtschreibunterricht weiter. Man kann von einem reziprok-kausalen Wirkungsmuster ausgehen (Schneider, 1997). Dies impliziert, dass auch zu einem späteren Zeitpunkt die Förderung der phonologischen Bewusstheit i. e. S. sinnvoll ist und gerade für Kinder mit erkennbaren Defiziten im Lese-Rechtschreibbereich enormen Gewinn bringen sollte.

2. Befunde aus den Normierungsdaten zum BAKO 1-4 (Stock et al., 2003) weisen in die gleiche Richtung: Ein Teil der mit dem BAKO 1-4 getesteten Grundschulkinder hatte im Vorschulalter das Programm „Hören, lauschen, lernen" (Küspert & Schneider, 2008) zur Förderung der phonologischen Bewusstheit durchlaufen. Von den Kindern dieser Kohorte wiesen wiederum ca. 10 % eine unterdurchschnittliche bis schwache phonologische Bewusstheit i. e. S. auf (gegenüber von bis zu 25 % bei den Kindern, die das Programm von Küspert und Schneider nicht durchlaufen hatten). Auch die Lese- und Rechtschreibleistungen dieser Kinder fielen nur unterdurchschnittlich bis schwach aus.

3. Bei der Gestaltung des Trainings sollten auch die neuesten Erkenntnisse der Legasthenieforschung, u. a. auch aus dem deutschsprachigen Raum (Wimmer & Mayringer, 2002; Wimmer, Mayringer & Landerl, 2000; Grube & Hasselhorn, 2006; Stock, 2009), berücksichtigt werden, wonach ein engerer Zusammenhang zwischen Rechtschreibleistung und phonologischer Bewusstheit vermutet wird als zwischen phonologischer Bewusstheit und Leseleistung. Diese Erkenntnisse gehen konform mit der Doppel-Defizit-Hypothese von Wolf und Bowers (1999), die besagt, dass bei Legasthenikern drei unterschiedliche Gruppierungen aufzufinden sind: Kinder mit reinem Benennungsgeschwindigkeitsdefizit vs. solchen mit phonologischen Schwächen und einer dritten Gruppierung, die beide Schwächen (Doppel-Defizit) aufweist. Je nach Defizitausprägung weisen diese Kinder dann eine reine oder vordergründige Lese- bzw. Rechtschreibschwäche oder aber eine kombinierte Lese-Rechtschreibschwäche auf. Das PHONIT-Training legt seinen Fokus ganz deutlich auf die Verbesserung der phonologischen Bewusstheit und der Rechtschreibleistung und richtet sich damit im Rahmen der therapeutischen Anwendung an Kinder mit einer reinen Rechtschreib- bzw. kombinierten Lese-Rechtschreibstörung.

4. Bei der Auswertung der Diktate, die im Rahmen der Normierung der „Deutschen Rechtschreibtests" (DERET 1-2+ sowie DERET 3-4+ von Stock & Schneider, 2008a, 2008b) für die Klassenstufen 1 bis 4 von Grundschulkindern geschrieben wurden, fiel auf, dass nicht nur als lese-rechtschreibschwach eingestufte Kinder, sondern auch ein erheblicher Teil der übrigen Schüler Fehler begeht, die durch eine unzureichende Aufmerksamkeit auf bzw. Einsicht in die Lautstruktur des zu schreibenden Wortes entstanden sind (z. B. wenn das Verb „schwimmen" ohne den Buchstaben „w" geschrieben wird). Das heißt, auch für nicht lese-rechtschreibschwache Kinder ist ein Training der phonologischen Bewusstheit i. e. S. zur Verbesserung ihrer schriftsprachlichen Fähigkeiten durchaus von Relevanz.

5. Vergleicht man Diktate von Kindern mit Deutsch als Muttersprache mit den Diktaten von Kindern mit Deutsch als Zweitsprache (DaZ-Kinder), so fällt der letztgenannte Punkt noch weitaus stärker ins Gewicht. Die Rechtschreibfehler der DaZ-Kinder weisen deutliche Verbindungen zur Lautstruktur ihrer Muttersprache auf. In Anbetracht der großen Anzahl an Kindern in unseren Schulen, deren Muttersprache nicht Deutsch ist, scheint zur Verminderung der Benachteiligung dieser Kinder ein Programm zur Förderung der phonologischen Bewusstheit (bezogen auf die deutsche Sprache) dringend notwendig.

6. Während der Normierungsphase des BAKO 1-4 wurde auch von Lehrerseite wiederholt der Wunsch bzgl. eines Trainingsprogramms geäußert, das in den Unterricht integrierbar und nicht nur für den Erstlese- und -schreibunterricht ausgelegt ist. Hinzu kommen zahlreiche Anfragen von pädagogisch-therapeutisch tätigen Kollegen, die sich professionell mit der Förderung lese-rechtschreibschwacher Kinder befassen.

Schlussfolgernd bestand somit sowohl wissenschaftlich als auch praktisch ein großer Bedarf an einem Trainingsprogramm zur Verbesserung der phonologischen Bewusstheit i. e. S., das sich in Anlehnung an den BAKO 1-4 einerseits auf verschiedene Aspekte der phonologischen Bewusstheit i. e. S. bezieht und andererseits eine Verbindung zum Lese- und Rechtschreibunterricht herstellt, damit die trainierten Inhalte möglichst adäquat auf die Anwendung der Schriftsprache übertragen werden können. In Kombination mit dem diagnostischen Instrument BAKO 1-4 liegt nunmehr ein Gesamtpaket vor, welches insbesondere die Situation von lese-rechtschreibschwachen und nicht muttersprachlich deutschen Kindern nachhaltig verbessern sollte.

2.2 Aufbau des Trainingsprogramms PHONIT

Das Trainingsprogramm der phonologischen Bewusstheit i. e. S. lässt sich durch folgende Punkte charakterisieren:

- *Training der phonologischen Bewusstheit auf verschiedenen Schwierigkeitsebenen:* Bei der Reihenfolge der Trainingsaufgaben fand eine Orientierung an den Schwierigkeitsgraden der Untertests des BAKO 1-4 statt. Zu Beginn des Trainings sollten mit eher einfacheren Aufgaben zur (Pseudo-)Wortsegmentierung wie Phonemsynthese und -analyse Basisfertigkeiten der phonologischen Bewusstheit trainiert und später Aufgaben zur Vokallängenbestimmung sowie Lautkategorisierung einbezogen werden. Am Ende des Trainings können dann Übungen zur Vokalersetzung, Phonemvertauschung und Wortumkehr Eingang finden.
- *Anpassung des Trainings an die verschiedenen Altersstufen:* Das Trainingsprogramm wurde für den gesamten Grundschulbereich erstellt. Aufgrund dieses relativ breiten Alters- und Leistungsbereiches wurde eine Ausrichtung der Trainingsinhalte an den bereits vorhandenen, unterschiedlich ausgeprägten phonologisch-orthografischen Kenntnissen (wie z. B. Graphem-Phonem-Korrespondenzregeln) vorgenommen und der Schwierigkeitsgrad bzw. das Anforderungsniveau der Trainingsaufgaben an das Alter der Kinder angepasst. Für die Phase des Erstlese- und -schreibunterrichts sind zudem Übungen auf Reim- und Silbenebene vorgesehen, die vor Beginn des unter dem ersten Punkt skizzierten Trainingsaufbaus durchgeführt werden sollten.
- *Verbindung der Trainingsinhalte zu Inhalten des Rechtschreibunterrichts:* Hauptsächliches Ziel des Trainings ist es, über die Förderung der phonologischen Bewusstheit i. e. S. die Rechtschreibkompetenzen zu stärken. Es müssen also in regelmäßigen Abständen Aufgaben eingebaut werden, in denen die geübten phonologischen Kompetenzen auf Schreibaufgaben übertragen werden können.
- *Möglichkeit der Einpassung des Trainings in den Unterrichtsablauf:* Um den Einsatz des Trainings auch im regulären Grundschulunterricht zu ermöglichen, wurde darauf geachtet, dass die verwendeten Aufgaben Bezüge zu Lehrplaninhalten aufweisen. Darüber hinaus sind die Übungseinheiten in Form eines Baukastensystems strukturiert, sodass es möglich ist, gezielt einzelne Übungen herauszugreifen, wenn sich spezielle Schwachstellen in den Rechtschreibfähigkeiten einer Schulklasse herausgestellt haben sollten. Um die Anwendung zu er-

leichtern, wurden am Ende des Trainingsteils Leitfäden zur Lektionengestaltung angehängt, die als Anregung dienen sollen. Natürlich kann jederzeit – entsprechend dem Anforderungsprofil der Klasse oder des einzelnen Kindes – von diesen Leitfäden abgewichen werden.

Um diese vier genannten Punkte zu erreichen, wurde das Trainingsprogramm aus unterschiedlichen Aufgabenarten zusammengestellt[1]. Die genaue Durchführungsanleitung der einzelnen Trainingsaufgaben findet sich in Teil 2 dieses Buches (Das Trainingsprogramm). An dieser Stelle soll eine kurze Übersicht über die einzelnen Aufgabenarten (im Folgenden fett gedruckt) gegeben werden:

1. *Einüben der grundlegenden Graphem-Phonem-Verbindungen (siehe Kapitel 4):* Am Anfang des Trainings – vor allem für sehr schwache Rechtschreiber oder Kinder der ersten Klassenstufe – stehen Aufgaben, in denen die Verbindung von Buchstaben und Lauten eingeübt wird. Dabei werden zu Beginn die Buchstaben gezeigt und gleichzeitig das Augenmerk auf die Mundstellung bei der Aussprache der dazugehörigen Laute gelegt (**Laute lernen**). In einem weiteren Schritt werden Wörter mit den eingeübten Lauten gesucht.
   Damit die Kinder lernen, die besprochenen Laute auch mit dem Schriftbild zu verbinden, wurde die Übung **Laute und lautgetreue Wörter aufschreiben** in das Trainingsprogramm aufgenommen. Vor allem für die Kinder zu Beginn der ersten Klassenstufe wurde ein simples, aber motivierendes Spiel eingefügt, das darin besteht, dem Banknachbarn vorgegebene **Buchstaben** oder **Wörter** auf den Rücken zu **malen**, die dieser dann erraten muss. Auch hierdurch wird die Verbindung von gehörtem Laut und Buchstabenbild gefördert.

2. *Phonologische Übungen (siehe Kapitel 5):* Die Eingangsaufgabe besteht darin, **Laute** zu **erkennen** (**Anfangslaut, Endlaut** und **Mittelaut)** (siehe Kapitel 5.1). Den Kindern werden bei dieser Aufgabenstellung anfangs Wörter vorgesprochen und sie sollen erkennen (bzw. wiedererkennen), mit welchen Lauten diese beginnen, enden oder ob dieser Laut im Mittelteil des Wortes vorkommt. In einer schwierigeren Stufe werden die Kinder aufgefordert, aus einer Dreiergruppe von Wörtern dasjenige herauszuhören, das in seinem Anfangs-, End- oder Mittellaut von den anderen beiden abweicht. Mit diesem Aufgabentyp werden zudem gezielt ***ähnlich klingende Phoneme*** (/m/ und /n/, /d/ und /t/ etc.), die beim Schreiben oft verwechselt werden, eingeübt. Dabei wird die Konzentration darauf gerichtet, anhand der Mundstellung oder der Bewegungen im Rachenraum zu erkennen, worin sich die ähnlich klingenden Phoneme unterscheiden.
   Um die Kinder beim Training der phonologischen Bewusstheit und der Rechtschreibung zu motivieren, wurden zudem verschiedene Spiele in das Training aufgenommen. Diese stellen immer eine Vertiefung der gelernten Buchstaben-Lautverbindungen dar und lassen sich flexibel in jeder Lektion einsetzen. Beim **Inselspiel** (siehe Kapitel 5.3) müssen die Kinder so schnell wie möglich Wörter mit einem bestimmten Anfangs-, Mittel- oder Endlaut finden, um mit auf eine Insel reisen zu dürfen. Das Inselspiel lässt sich sehr gut mit Bewegungselementen verbinden, indem z. B. die Kinder bei richtiger Antwort ganz schnell in einen bestimmten (Insel-)Bereich des Raumes laufen dürfen.
   Einen weiteren Punkt bilden Aufgaben zur Phonemsynthese und Phonemanalyse (siehe Kapitel 5.4). Zur **Phonemsynthese** werden den Kindern einzelne Phoneme vorgesprochen und sie sollen diese zu einem sinnvollen Wort zusammenziehen. Umgekehrt wird bei der **Phonemanalyse** ein Wort vorgesprochen, das in seine einzelnen Phoneme zerlegt werden soll, wobei die Phoneme in der richtigen Reihenfolge wiedergegeben werden sollen. Bei diesen beiden Spielen kann man die Lektion dadurch auflockern, dass man einen Ball dergestalt in die Durchführung einbaut, dass immer das Kind antworten muss, welches den Ball zugeworfen bekommt.
   Die Aufgaben zur **Phonem- und Wortumkehr** (siehe Kapitel 5.5) haben einen höheren Schwierigkeitsgrad – hier sollen die ersten beiden Laute oder ganze Wörter in genau umgekehrter Reihenfolge, also rückwärts, gesprochen werden. Aus „Mars" wird also „sram". Hierbei müssen sich zwar viele Kinder sehr stark konzentrieren, das Spiel macht ihnen aber dennoch erfahrungsgemäß viel Spaß.
   Sehr hilfreich – v. a. zu Beginn des Schriftspracherwerbs – ist das **Silbenschwingen** (siehe Kapitel 5.6). Hier werden Wörter vorgesprochen und für jede Silbe mit den Armen vor oder zurück geschwungen. So erhält man ein Gefühl für die Wortlänge und Untergliederung.
   Und schließlich stellen für Kinder der zweiten und dritten Klassenstufe **Aufgaben zum Erkennen der Vokallänge** (siehe Kapitel 5.7) eine sehr wichtige Übungseinheit dar, denn für einige bedeutende Rechtschreibregeln ist es wichtig, zwischen langen und kurzen Vokalen differenzieren zu können. Diese Fähigkeit spielt zum Beispiel dann eine Rolle,

1 Die Gestaltung der einzelnen Trainingsaufgaben geschah zum Teil unter Berücksichtigung der Fehlerschwerpunkte, die sich im BAKO 1-4 (Stock et al., 2003) herausgestellt hatten. Bei der Fokussierung auf die Mundstellungen bei vielen Aufgaben (siehe Kapitel 4) erfolgte eine teilweise Anlehnun g an das Trainingsprogramm von Kossow (1972, 1991a, 1991b), der ein erfolgreiches Übungsprogramm für die Arbeit mit einzelnen Kindern oder Kleingruppen entwickelt hatte.

wenn abgeleitet werden soll, ob ein Dehnungs-h, ein -ie- oder eine Konsonantendopplung geschrieben werden muss. Viele Kinder mit Lese-Rechtschreibschwäche haben jedoch beim Erkennen der Vokallänge deutliche Probleme, wie aus den Daten des BAKO 1-4 (Stock et al., 2003; Stock, 2005) ersichtlich wurde. In den Aufgaben zur Vokallänge wird das Heraushören der Länge von Selbstlauten gezielt trainiert (und in einem späteren Schritt mit den dazugehörigen Rechtschreibregeln verknüpft, siehe Punkt 4).

3. *Phonologische Schreibspiele (siehe Kapitel 6):* Neben rein phonologischen Spielen können zur motivierenden Vermittlung der Buchstaben-Laut-Verbindungen einerseits sowie von Rechtschreibregeln andererseits auch phonologische Schreibspiele eingesetzt werden. Hierfür wurden das Schlangenspiel (siehe Kapitel 6.1) und das Hamsterspiel (siehe Kapitel 6.2) in das Training aufgenommen.
   Das **Schlangenspiel**, bei dem durch das Austauschen eines bestimmten Lautes immer wieder ein neues Wort entsteht und man so eine Wörterschlange erhält, kann sowohl rein phonologisch als auch in Kombination mit einer Schreibübung angewandt werden.
   Im Rahmen des **Hamsterspiels** werden den Kindern Lückenwörter vorgegeben. Die Lücken müssen mit verschiedenen Buchstaben (diese wurden nach Fehlerschwerpunkten ausgewählt) aufgefüllt werden. So kann man bspw. die Unterscheidung der Plosivlaute, die Konsonantendopplung und anderes einüben. Bei jeder Antwort wird ein Stück eines Hamsters gemalt. Wenn 15 richtige Antworten gegeben wurden, ist der Hamster vollständig. Dies erwies sich in der Evaluationsstudie als sehr motivierend.
   Als besonders motivierend stellte sich sowohl beim Schlangen- als auch beim Hamsterspiel heraus, wenn die antwortenden Kinder ihre Wörter an die Tafel schreiben durften.

4. *Schreibübungen zu Rechtschreibregeln (siehe Kapitel 7)***:** Natürlich gibt es im Trainingsprogramm auch gezielte Schreibübungen zu verschiedenen Rechtschreibregeln.
   Wie bereits erwähnt, ist es für einige bedeutende Rechtschreibregeln wichtig, zwischen langen und kurzen Vokalen differenzieren zu können. Dies wurde in der Aufgabe zur **Vokallängenerkennung** (Kapitel 5.7) trainiert. In den Aufgaben **Konsonantendopplung** (Kapitel 7.1), **Dehnungs-h** (Kapitel 7.2) und **ie-Schreibung** (Kapitel 7.3) wird die herausgehörte Vokallänge mit den Rechtschreibregeln verknüpft. Zur Vertiefung können zudem das **Hamsterspiel** und das **Schlangenspiel** herangezogen werden.
   Wenn ein Kind das Wort „Zug“ mit „k“ am Ende schreibt, dann ist das zwar orthografisch falsch, aber phonologisch richtig. Eine Möglichkeit, eine solche Auslautverhärtung zu erkennen, ist die Verlängerung des Wortes. In den Aufgaben zur **Auslautverhärtung** (Kapitel 7.4) wird versucht, die Kinder für diese Fälle zu sensibilisieren. Ergänzend können wieder das Hamster- und das Schlangenspiel herangezogen werden.
   Kommt nach einem /sch/-Laut ein /t/ oder /p/, dann schreibt man nicht <scht> oder <schp>, sondern <st> und <sp>. Das lernen viele Kinder recht schnell. Aber Schüler/innen mit Problemen beim Schriftspracherwerb tun sich auch hier schwer. In den Aufgaben zum **<sp> und <st>** (Kapitel 7.5) **in der Wortmitte und am Wortanfang** wird den Kindern beigebracht, wie sie sich diese Rechtschreibregel besser merken können. Zur Vertiefung dienen wiederum das Hamster-, das Insel- und das Schlangenspiel.
   Die Groß-Kleinschreibung stellt für viele Kinder ein Problem dar, nicht nur für diejenigen mit Lese-Rechtschreibschwäche. Besonders auffällig ist es bei Wörtern, an deren Endungen man ableiten kann, dass sie Substantive sind und somit groß geschrieben werden müssen. In den Aufgaben zur **Substantivendung** (Kapitel 7.7) wird das Augenmerk auf die sechs Endungen -ung, -heit, -keit, -schaft, -chen und -lein gelegt und versucht, die Kinder durch verschiedene Übungen bzgl. dieser Endungen zu sensibilisieren.
   Themenübergreifend beinhaltet das PHONIT überdies Schreibübungen zum Wortstamm, Silbendiktate und kurze Diktattexte. Im Rahmen der **Wortstammübungen** (Kapitel 7.8) sollen die Kinder lernen, Gemeinsamkeiten bei Wörtern mit dem gleichen Wortstamm zu erkennen. Die **Silbendiktate** (Kapitel 7.9) beginnen immer mit ganz kurzen Wörtern mit zwei oder drei Buchstaben und steigern sich dann auf Wörter mit zehn und mehr Buchstaben. Hierbei sollen die Kinder lernen, bei Problemen die am Anfang des Trainings eingeübten Buchstaben-Laut-Verbindungen sowie auch die Mundstellungen als Hilfe heranzuziehen. Schließlich soll in den kurzen **Diktattexten** (Kapitel 7.10) geübt werden, ganze Sätze richtig zu schreiben.

5. *Leseübungen (siehe Kapitel 8):* Im PHONIT gibt es auch ein paar wenige Leseübungen. Ziel ist es, das Wortbild und die Lautverbindungen besser im Gedächtnis zu verankern. Aufgrund der oben geschilderten neueren Erkenntnisse der Legasthenieforschung und in Anlehnung an die Doppel-Defizit-Hypothese (Wolf & Bowers, 1999) liegt der primäre Fokus des Trainings jedoch auf der phonologischen Bewusstheit und der Rechtschreibleistung.

Mit all diesen verschiedenen Übungen und Spielen steht ein umfangreiches Paket zur Verfügung, mit dem sowohl die phonologische Bewusstheit als auch die Rechtschreibleistung deutlich verbessert werden kann. Dies haben auch die Evaluierungsdaten bestätigt.

2.3 Evaluierung des Trainingsprogramms

2.3.1 Ablauf der zentralen Evaluierungsstudie

Nach der Konzeption der Trainingsaufgaben begann im Mai 2004 die Rekrutierung der Trainings- und Vergleichsschulen und im September 2004 Vortestungen für die Evaluierung. Im Rahmen der Vortestung wurden in den Klassenstufen 2 und 3 die Lese- und Rechtschreibleistungen der Kinder im Rahmen von Gruppentestungen im Klassenverband erhoben. Zu Beginn der 1. Klasse war die Durchführung von Lese- und Rechtschreibtests noch nicht möglich. Hier wurde mit einem Testverfahren im Klassenverband erfasst, welche Buchstaben- und Lautkenntnisse bei den Kindern bereits vorliegen. Von den Kindern mit schwachen Lese- und/oder Rechtschreibleistungen (bzw. mit geringen Buchstaben- und Lautkenntnissen am Anfang der 1. Klasse) und von einigen zufällig ausgewählten Kindern mit durchschnittlichen bis guten Leistungen auf diesen Gebieten wurde außerdem die phonologische Bewusstheit erfasst. Im November 2004 begann die Durchführung der Trainings in den ausgewählten Testschulen. Abschließend wurden von Mai bis Juli 2005 zur Evaluierung des Trainingsprogramms Nachtestungen durchgeführt, indem nochmals – wie bereits im Rahmen der Vortestung – die Lese- und Rechtschreibleistung sowie die phonologische Bewusstheit der Testkinder erfasst wurde. Auch in Klassenstufe 1 wurde nun die Lese-Rechtschreibleistung erhoben.

Aufgrund der unterschiedlichen Anforderungen im Lese- und Rechtschreibunterricht in den verschiedenen deutschen Bundesländern wurde die Evaluierung nicht nur im Großraum Würzburg bzw. Bayern durchgeführt, sondern Schulen in zwei weiteren Bundesländern (Baden-Württemberg und Mecklenburg-Vorpommern) einbezogen. Insgesamt wurden 740 Kinder getestet und 157 von ihnen trainiert. Als statistische Vergleichsgruppe wurden insgesamt 240 Kinder aus dem restlichen Pool von Untersuchungsteilnehmern zufällig ausgewählt. Aus Tabelle 1 wird ersichtlich, wie viele Kinder in den einzelnen Bundesländern an der Studie teilgenommen haben.

Die Durchführung der Vor- und Nachtests wie auch der Trainingseinheiten erfolgte durch externe Test- und Trainingsleiter, d.h. die Lehrerinnen der teilnehmenden Klassen haben ihre Schüler/innen nicht selbst getestet bzw. trainiert.

Tabelle 1: *Evaluationsstichprobe*

Klassenstufe	Bundesland	Vortest			
		Klassen	Schüler	davon Training	davon Kontrollgruppe
1. Klasse	Baden-Württemberg	5	92	33	18
	Bayern	4	82	18	30
	Mecklenburg-Vorpommern	3	58	5	32
	insgesamt	**12**	**232**	**56**	**80**
2. Klasse	Baden-Württemberg	5	96	27	18
	Bayern	4	88	15	26
	Mecklenburg-Vorpommern	3	62	9	28
	insgesamt	**12**	**246**	**51**	**72**
3. Klasse	Baden-Württemberg	5	123	22	24
	Bayern	4	77	19	28
	Mecklenburg-Vorpommern	3	62	9	36
	insgesamt	**12**	**262**	**50**	**88**

2.3.2 Ergebnisse der zentralen Evaluierungsstudie

Auf den nächsten Seiten sollen die Ergebnisse der Evaluierungsstudie dargestellt werden. Die Kinder der **Klassenstufen 2 und 3** wurden zu Beginn des Schuljahres im Klassenverband mit dem DERET 1-2+ (von Stock & Schneider, 2008b) zur Erfassung der Rechtschreibleistung getestet. Da die Kinder gerade erst in die neue Klassenstufe gewechselt waren und der Schulstoff für Klassenstufe 2 bzw. 3 somit noch nicht vermittelt werden konnte, wurden die Kinder der 2. Klasse mit dem Test für Klassenstufe 1 und diejenigen der 3. Klasse mit dem Test für Klassenstufe 2 getestet. Zusätzlich wurde den Kindern beider Altersgruppen die Würzburger Leise Leseprobe (WLLP; Küspert & Schneider, 1998) vorgegeben, um ihre Leseleistung zu messen. Die Kinder mit geringer Rechtschreib- und/oder Leseleistung aus den für das Training ausgewählten Klassen sollten in die spätere Trainingsgruppe aufgenommen werden.

Da das Training auf die Verbesserung der Rechtschreibleistung auf der Grundlage einer verbesserten phonologischen Bewusstheit i. e. S. abzielt, wurde letztere bei diesen Kindern zusätzlich mit dem BAKO 1-4 (Stock et al., 2003) in Einzeltestungen erhoben. Um später Vergleiche zu ermöglichen, wurden außerdem Mitschüler dieser Kinder sowie schwache Rechtschreiber und Leser aus Klassen, deren Schüler/innen nicht am Training teilnehmen sollten, mit dem BAKO 1-4 getestet.

Die Kinder, die gerade in die **erste Klasse** eingeschult worden waren, konnten nicht mit Lese- und Rechtschreibtests getestet werden. Stattdessen wurden verschiedene Aufgaben zum Screening der phonologischen Bewusstheit i. e. S. und der Buchstabenkenntnis herangezogen, die zum einen aus den Subtests Anlautanalyse und Endlautanalyse des PB-LRS von Barth und Gomm (2004) entstammten, zum anderen am Lehrstuhl für Psychologie IV der Universität Würzburg für eigene Studien entwickelt wurden, und die Phonemsynthese und Buchstabenkenntnis abprüften (vgl. Marx, Weber & Schneider, 2005). In Anlehnung an das Vorgehen in Klassenstufe 2 und 3 wurden Kinder mit schwachen Leistungen im Screening-Test und darüber hinaus wiederum Vergleichsschüler mit besseren Leistungen zusätzlich mit dem BAKO 1-4 getestet.

Die schwachen Leser und/oder Rechtschreiber der Klassenstufen 2 und 3 aus den Trainingsschulen, die zusätzlich auch geringe Werte im BAKO 1-4 aufwiesen, wurden nun in die Trainingsgruppen aufgenommen; analog wurde in Klassenstufe 1 verfahren. Leider stellte sich heraus, dass nicht alle Eltern ihren Kindern die Teilnahme am Training erlaubten. Andererseits baten andere Eltern darum, dass ihre nicht ausgewählten Kinder zusätzlich am Training teilnehmen dürften – aus ethischen Gründen wurde dieser Bitte in allen Fällen stattgegeben. Alle Kinder, die nicht am Training teilnahmen, werden im Folgenden als Kontrollgrup-

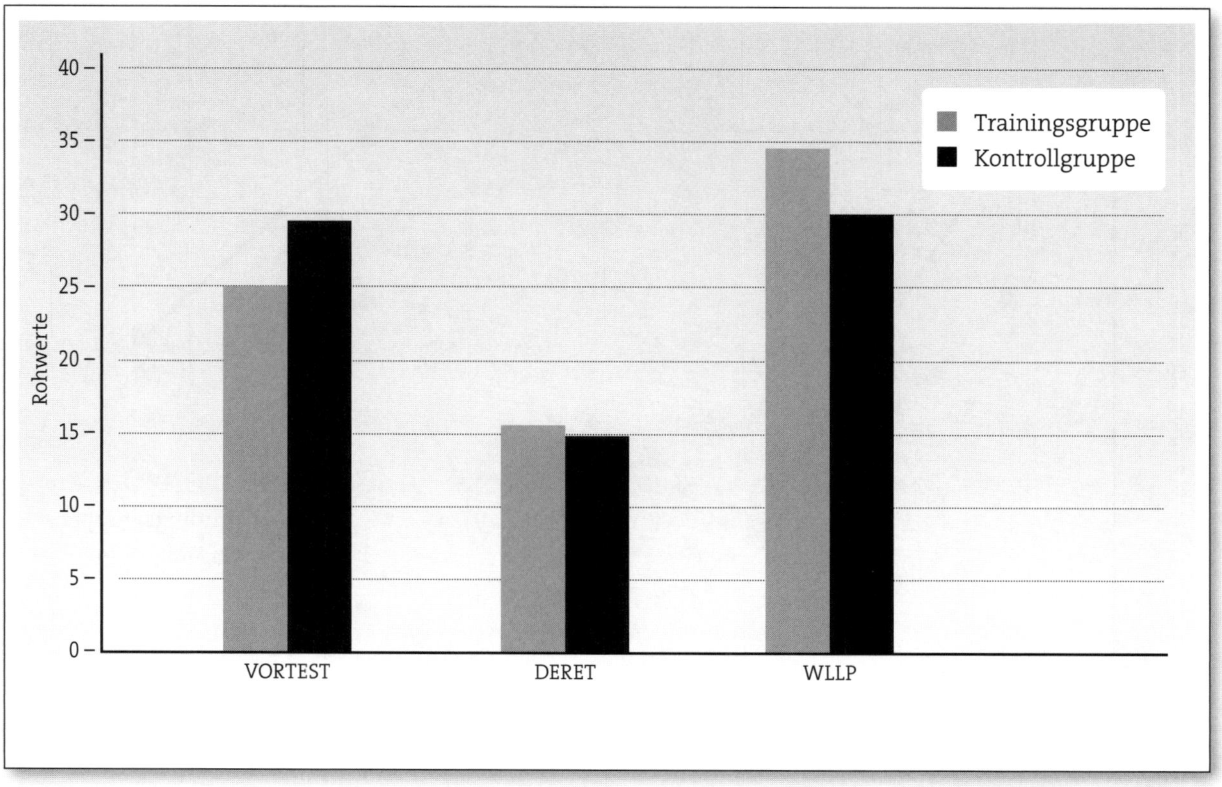

Abbildung 2: *Ergebnisse der Klassenstufe 1 vor dem Training (phonologischer Screeningtest) und nach dem Training (Rechtschreibtest DERET 1 und Lesetest WLLP)*

penkinder (KG) bezeichnet, die anderen als Trainingskinder oder -gruppe (TG).

Auch wenn somit die Aufteilung nicht ganz stringent nach dem Leistungsstand erfolgte, zeigen die Ergebnisse der Vortests, dass sich in allen Klassenstufen und bei allen verwendeten Tests die Kinder der Experimental- und der Kontrollgruppe vor dem Training unterscheiden, wobei die späteren Trainingskinder schwächere Leistungen erbrachten.

Aus Abbildung 2 wird ersichtlich, dass die Kontrollgruppenkinder der **Klassenstufe 1** im Screening-Test (vor Trainingsbeginn), in dem man maximal 50 Punkte erzielen konnte, ca. 5 richtige Antworten mehr gaben als die Trainingskinder. Dieser Unterschied wird statistisch signifikant ($F(1,122)=10.65$; $p \leq .001$). Nach dem Training, also am Ende der ersten Klassenstufe, unterscheiden sich die beiden Gruppen weder in der Rechtschreibleistung ($F(1,122)=1.21$; $p=.27$) noch in der Leseleistung ($F(1,93)=1.61$; $p=.21$).

In der **zweiten** und **dritten Klassenstufe** schrieben die Kinder der späteren Trainingsgruppe deutlich mehr Rechtschreibfehler als die Kontrollgruppenkinder (siehe hierzu die auf die Gesamtzahl der geschriebenen Wörter bezogenen prozentualen Fehlerwerte in den Abbildungen 3 und 4). Betrachtet man jeweils die linke Seite der beiden Abbildungen, so ist zu erkennen, dass sich sowohl die Trainingsgruppe als auch die Kontrollgruppe über den Trainingszeitraum hinweg in ihren Rechtschreibleistungen signifikant verbesserte. (Klasse 2: $F(1,110)=258.29$; $p \leq .001$; Klasse 3: $F(1,134)=158.37$; $p \leq .001$). Die Ergebnisse einer Messwiederholungsanalyse ergeben zudem, dass auch die Wechselwirkungen aus Gruppenzugehörigkeit und Testzeitpunkt (Vortest versus Nachtest) hinsichtlich der Rechtschreibleistung statistisch signifikant werden (Klasse 2: $F(1,110)=13.67$; $p \leq .001$; Klasse 3: $F(1,134)=12.45$; $p \leq .001$), was wiederum so zu interpretieren ist, dass sich die Kinder der Trainingsgruppen im gleichen Zeitraum deutlicher in ihren Rechtschreibleistungen verbessert haben als die Kinder der Kontrollgruppen.

Die Abbildungen 3 und 4 zeigen jedoch auch, dass der Test für Klassenstufe 1 am Ende der zweiten Klasse und der Test für Klassenstufe 2 am Ende der 3. Klasse für die Kinder generell recht einfach zu bewältigen war, denn die durchschnittliche Fehlerquote lag unter 15 %. Deshalb wurden zusätzlich altersadäquate Rechtschreibtests durchgeführt, die anspruchsvoller waren, da sie länger sind und schwierigere Wörter beinhalten. Hier zeigen sich wiederum Verbesserungen der Rechtschreibleistungen jeweils für beide Trainingsgruppen (Klasse 2: $F(1,110)=19.184$; $df=1$; $p \leq .001$; Klasse 3: $F(1,134)=207.188$; $df=1$; $p \leq .001$) sowie für die dritte Klasse eine signifikante Wechselwirkung aus Gruppenzugehörigkeit und Testzeitpunkt (Vortest versus Nachtest) hinsichtlich der Rechtschreibleistung (Klasse

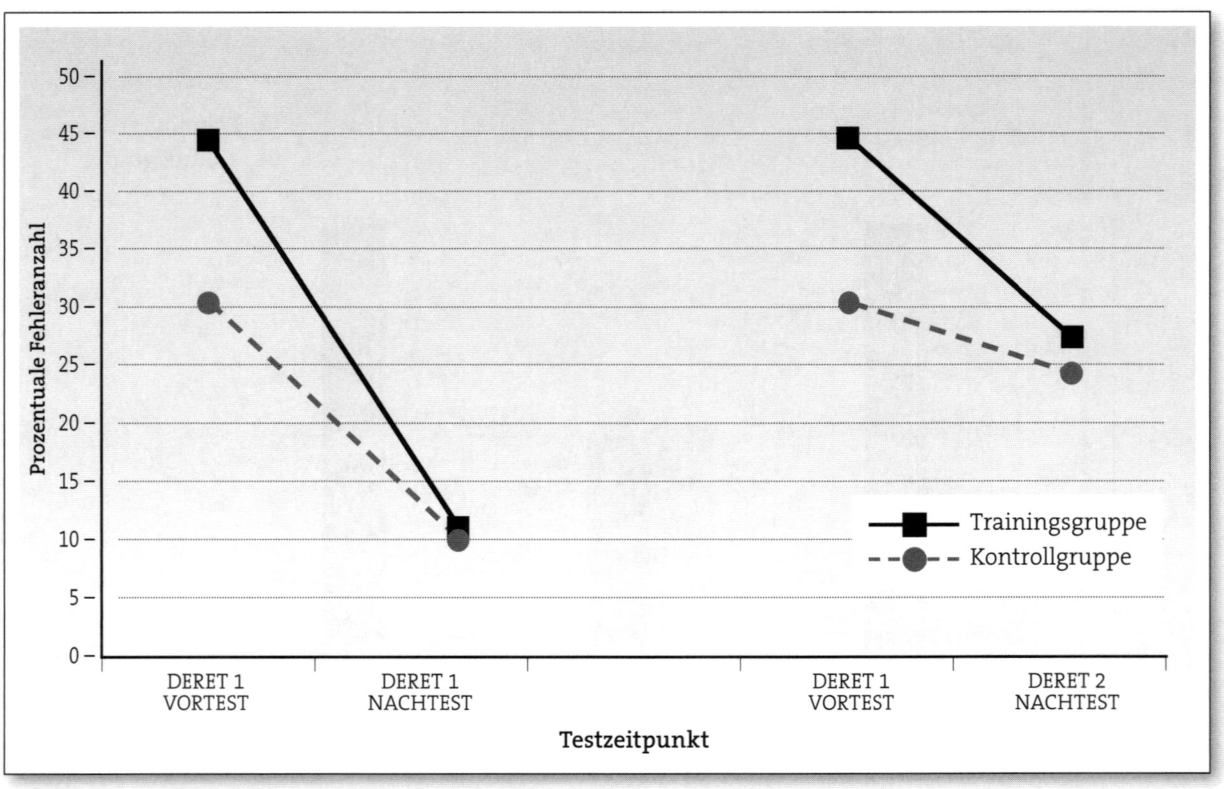

Abbildung 3: *Messwiederholungsanalyse zur Rechtschreibleistung für die Klassenstufe 2*

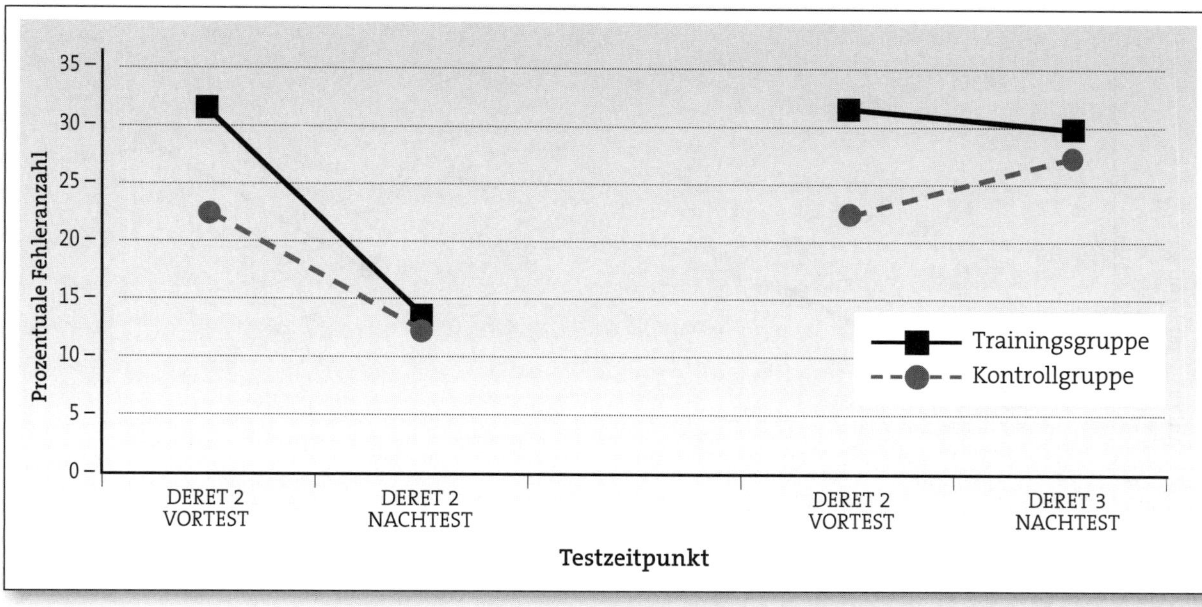

Abbildung 4: *Messwiederholungsanalyse zur Rechtschreibleistung für die Klassenstufe 3*

3: $F(1{,}134) = 4.615$; $df = 1$; $p \leq .05$). Die scheinbare Verschlechterung der Kontrollgruppe in der dritten Klassenstufe ist darauf zurückzuführen, dass die Kinder im Test der zweiten Klasse zu Beginn der Evaluierung einen sehr guten Ausgangswert erzielt hatten, den sie mit dem schwierigeren Test für die dritten Klassen nicht mehr ganz erreichten. Für die Kinder der zweiten Klassenstufe verfehlte die entsprechende Wechselwirkung nur sehr knapp das erforderliche Signifikanzkriterium (Klasse 2: $F(1{,}110) = 3.637$; $df = 1$; $p \leq .059$), sodass auch hier bei beiden Altersgruppen von einem Effekt des Trainings auf die Rechtschreibleistung gesprochen werden kann.

Beim Lesen (siehe Abbildung 5) zeigten sich ebenfalls deutliche Leistungsunterschiede zwischen Kontroll- und Trainingsgruppe. Die späteren Trainingskinder lasen vor und nach dem Training weniger Wörter richtig als die Kontrollgruppenkinder. Auch für das Lesen sind zudem für beide Klassenstufen sowohl in der Trainings- als auch in der Kontrollgruppe signifikante Verbesserungen feststellbar (Klasse 2: $F(1{,}110) = 188.557$; $df = 1$; $p \leq .001$; Klasse 3: $F(1{,}134) = 193.715$; $df = 1$; $p \leq .001$). Die Wechselwirkungen zwischen Gruppenzugehörigkeit und Testzeitpunkt (Vortest versus Nachtest) hinsichtlich der Leseleistung verfehlen in beiden Fällen jedoch das Signifikanzkriterium.

Abschließend soll die phonologische Bewusstheit (siehe Abbildung 6) in den Klassenstufen 1 bis 3 betrachtet werden. Wieder ist deutlich zu erkennen, dass sich in allen drei Klassenstufen sowohl die Trainingsgruppen als auch die Kontrollgruppen über den Trainingszeitraum hinweg in ihren Leistungen auf diesem Gebiet signifikant verbesserten (Klasse 1: $F(1{,}122) = 218.221$; $df = 1$; $p \leq .001$; Klasse 2: $F(1{,}110) = 144.579$; $df = 1$; $p \leq .001$; Klasse 3: $F(1{,}134) = 183.026$; $df = 1$; $p \leq .001$). Die Ergebnisse der durchgeführten Messwiederholungsanalyse ergeben analog zu den zuvor beschriebenen Rechtschreibtestverfahren, dass die Wechselwirkungen aus Gruppenzugehörigkeit und Testzeitpunkt (Vortest versus Nachtest) hinsichtlich der phonologischen Bewusstheit statistisch signifikant werden (Klasse 1: $F(1{,}122) = 18.661$; $df = 1$; $p \leq .001$; Klasse 2: $F(1{,}110) = 26.837$; $df = 1$; $p \leq .001$; Klasse 3: $F(1{,}134) = 10.803$; $df = 1$; $p \leq .01$), was wiederum so zu interpretieren ist, dass sich die Kinder der Trainingsgruppen im gleichen Zeitraum deutlicher in ihren Rechtschreibleistungen verbessert haben als die Kinder der Kontrollgruppen.

Wenn man die Ergebnisse insgesamt betrachtet, so lässt sich feststellen, dass sich die Trainingsgruppen in ihren Leistungen an die der Kontrollgruppen angeglichen haben. Vor allem in der phonologischen Bewusstheit und in den Rechtschreibleistungen zeigten sich diese Verbesserungen sehr deutlich. Auf dem Gebiet des Lesens lassen sich keine ähnlichen Leistungszuwächse verzeichnen. Dies ist wohl damit erklärbar, dass das Training auch nicht primär darauf ausgerichtet ist, die Leseleistung zu verbessern, sondern gerade die phonologische Bewusstheit und die Rechtschreibung fördern soll. Zudem gehen diese Ergebnisse mit neueren Erkenntnissen der Legasthenieforschung konform, wonach entsprechend der oben beschriebenen Doppel-Defizit-Hypothese (Wolf & Bowers, 1999) ein stärkerer Zusammenhang zwischen phonologischer Bewusstheit und Rechtschreibleistung als zwischen phonologischer Bewusstheit und Leseleistung besteht (vgl. auch Grube & Hasselhorn, 2006; Stock, 2009).

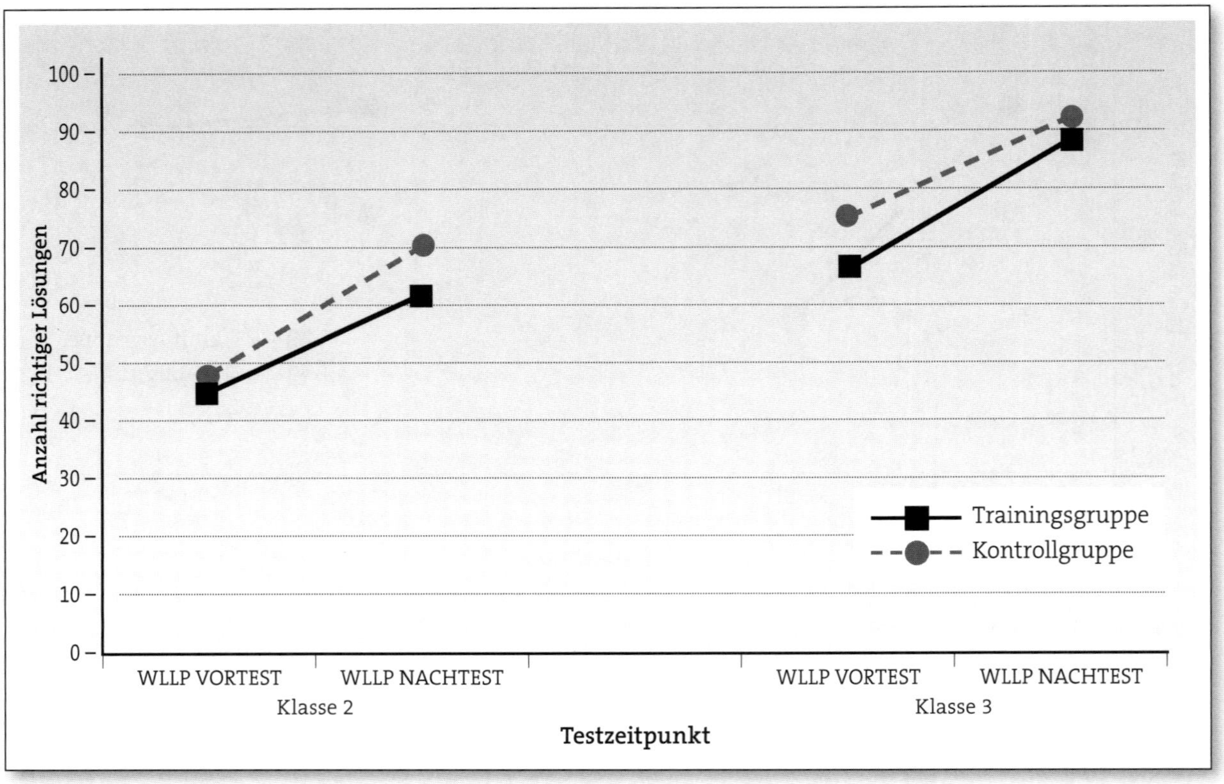

Abbildung 5: *Messwiederholungsanalyse zur Leseleistung für die Klassenstufen 2 und 3*

Insgesamt verdeutlichen die Ergebnisse der zentralen Evaluierung, dass das PHONIT-Training wirksam zur Verbesserung der phonologischen Bewusstheit und der Rechtschreibleistung beiträgt. Zusätzliche Bestätigung dieser Einschätzung liefern die Befunde einer kürzlich abgeschlossenen Diplomarbeit (Neubert, 2009), in der die Wirkung von PHONIT bei Kindern der zweiten Klassenstufe mit Sprachentwicklungsstörungen untersucht wurde. Es zeigte sich, dass sprachentwicklungsgestörte Kinder mit einer niedrig ausgeprägten phonologischen Bewusstheit in ähnlichem Ausmaß von der Förderung profitierten wie solche mit anfangs schon höheren Kennwerten in diesem Bereich. Wenn auch noch Evaluationsstudien zu den langfristigen Wirkungen des Förderprogramms ausstehen, scheinen die vorliegenden Befunde schon sehr ermutigend.

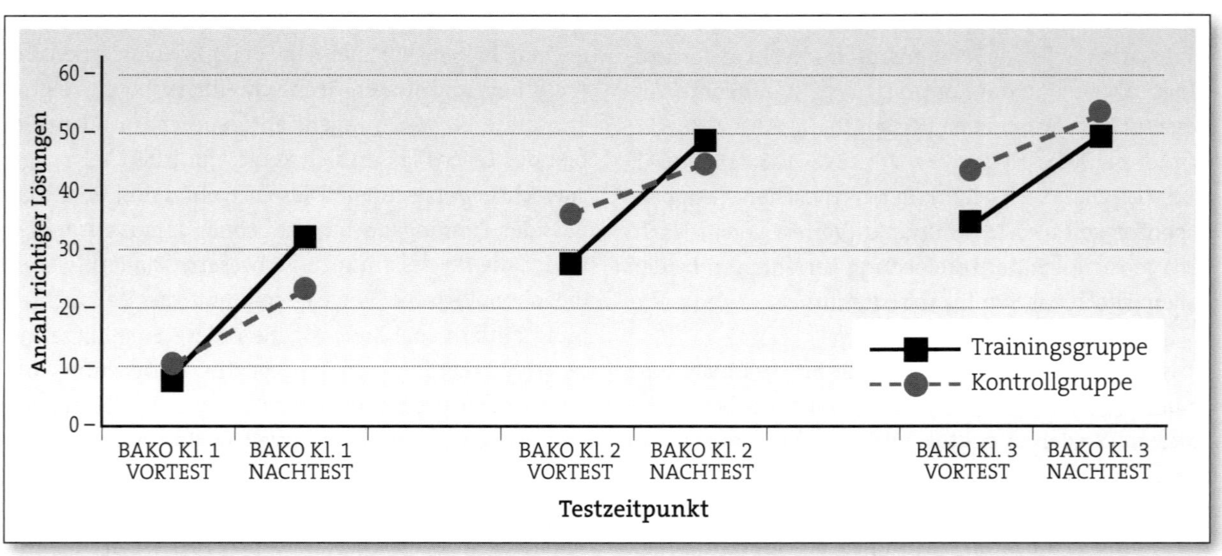

Abbildung 6: *Messwiederholungsanalyse zur phonologischen Bewusstheit für die Klassenstufen 1 bis 3*

II DAS TRAININGS-PROGRAMM

Kapitel 3: Trainingsanleitung

Das Training ist für Grundschulkinder der ersten bis vierten Klassenstufe geeignet. Zielgruppe sind Kinder mit Lese-Rechtschreibstörungen, es zeigte sich aber, dass auch Kinder mit Sprachentwicklungsstörungen und Kinder mit unauffälligem Schriftspracherwerb vom PHONIT profitieren. Die Übungen wurden ursprünglich für die Klassenstufen eins bis drei konzipiert, aufgrund der ähnlichen und zum Teil kombinierten Lehrpläne für die dritten und vierten Klassen ist eine Anwendung der Trainingsaufgaben für Klassenstufe drei aber auch in Klasse vier durchaus möglich. Neben dem Einsatz in regulären Grundschulen ist eine Anwendung des Trainings auch in Förderschulen – speziell Sprachheilschulen und Schulen für lernbehinderte Kinder – möglich, wobei hier die Aufgabenauswahl weniger von der durch die Autoren vorgegebenen Klassenstufe, sondern vielmehr vom Lernstand der Kinder abhängig gemacht werden sollte.

Das Training kann in den Unterricht integriert werden oder aber auch als gesonderte Lektionen im Förderunterricht zum Einsatz kommen, wobei im zweiten Fall eine Gruppengröße von zehn Kindern nicht überschritten werden sollte. Darüber hinaus wurde es auch zur Gestaltung verschiedener Therapiestunden im Rahmen der Legasthenietherapie erstellt, kann also auch von Lern- und Kinderpsychotherapeuten[1], Logopäden, Heilpädagogen usw. verwendet werden. Natürlich können interessierte Eltern das Training auch zu Hause mit ihrem Kind durchführen. Eine Trainingseinheit beträgt 45 Minuten und es wird empfohlen, das Training zweimal wöchentlich über 15 Wochen hinweg durchzuführen, bei weiterem Förderbedarf auch länger.

Während der Evaluierungsstudien wurde darauf geachtet, dass an allen Trainingsschulen die gleichen Lektionen in der gleichen Reihenfolge durchgenommen wurden, um eine spätere Vergleichbarkeit der Ergebnisse zu gewährleisten. Das Training kann, muss aber nicht in der Form der Evaluationsstudie durchgeführt werden. Vielmehr ist es sinnvoll, die einzusetzenden Aufgaben an den Leistungsstand der Klasse bzw. einzelner Kinder anzupassen. Das Training ist deshalb wie ein Baukasten aufgebaut, sodass jeder Anwender auch nur einzelne Teile herausziehen und einen individuellen Trainingsplan aufstellen kann. Eine Übersicht über die einzelnen Aufgabenarten findet sich in Kapitel 2.2.

Für das Training werden folgende Materialien benötigt: das vorliegende Buch mit den Übungsanleitungen, die auf CD-ROM beiliegenden Trainingsleiterfolien, Arbeitsblätter, die Mitmachkarte, die Urkunde, des Weiteren ein Overheadprojektor sowie eine Schultafel (in Einzeltherapiestunden ist ein Blatt Papier ausreichend). Für einige Schreibübungen (siehe z.B. Kapitel 4.3) benötigen die Kinder ein handelsübliches Schreibheft mit einer der jeweiligen Klassenstufe entsprechenden Lineatur.

Auf der Mitmachkarte (siehe Abbildung 7) können bei engagierter Teilnahme nach jeder Lektion zur Belohnung und als motivationale Komponente Stempel gesammelt werden. Es können pro Lektion ein bis vier Stempel vergeben werden, sodass sich hier auch

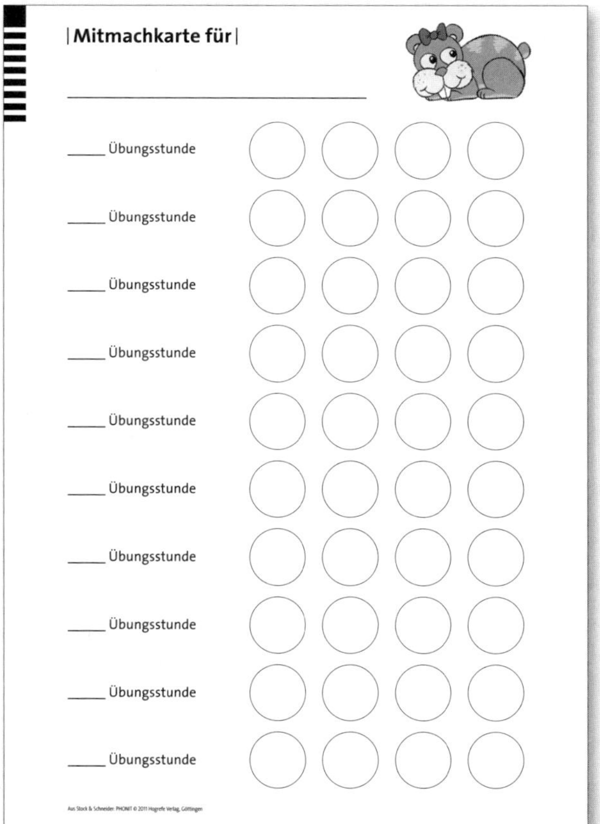

Abbildung 7: *Mitmachkarte (Version mit Hamstermädchen)*

1 Sprachregelung: Aus Gründen der besseren Lesbarkeit haben wir in diesem Kapitel jeweils die männliche Form verwendet. Weibliche Therapeuten, Logopäden und Pädagogen sind darin selbstverständlich eingeschlossen. In den Kapiteln 4 bis 9 wird durchgängig der Begriff Lehrerin verwendet, da das Training häufig in Schulen von weiblichen Lehrkräften durchgeführt wird. Vertreter anderer Berufsgruppen und des anderen Geschlechts sind dabei jeweils mitgemeint.

Abbildung 8: *Urkunde (Version mit Hamsterkind)*

die Stärke des Engagements abbilden lässt. Wichtig ist, dass nicht die Leistung belohnt wird, sondern das Engagement! Die Mitmachkarte gibt es in zwei Versionen, auf einer ist ein ‚Hamstermädchen' abgebildet (siehe Abbildung 7), auf der anderen ein Hamsterkind, das, falls gewünscht, als ‚Hamsterjunge' verwendet werden kann. Je nach Bedarf und Geschmack kann eine der beiden Versionen zu Trainingsbeginn an die Kinder verteilt werden. Nach Abschluss des Trainings kann an die Kinder eine Urkunde ausgegeben werden. Auch diese steht in zwei Versionen zur Verfügung. Abbildung 8 zeigt die Version mit dem Hamsterkind bzw. dem Hamsterjungen.

In den Kapiteln 4 bis 8 werden zunächst alle zur Verfügung stehenden Übungen nach Themen geordnet detailliert dargestellt. Die Übungen sollen jedoch „nicht der Reihe nach" durchgeführt werden, sondern in einer Trainingsstunde sollten Übungen aus verschiedenen Kapiteln (nach dem ‚Baukastensystem') kombiniert werden. In Anlehnung an die Trainingspläne der Evaluierungsstudien und als Hilfestellung für die selbständige Gestaltung von längeren Übungseinheiten werden am Ende dieses Buches in Kapitel 9 (**Leitfäden zur selbständigen, themenzentrierten Lektionengestaltung**) verschiedene „Muster-Trainingsstunden" in Tabellenform vorgestellt und ihre Nutzung erläutert. Diese Leitfäden sollen als Anregung für den Einstieg in ein bestimmtes Rechtschreibthema dienen. Sie beinhalten jeweils eine Auflistung, welche Aufgaben sich gut innerhalb einer oder mehrerer Trainingsstunden kombinieren lassen, sowie Angaben zur Dauer der einzelnen Aufgaben und den Verweis auf die Übungsnummer, unter der sich die Übungen ab Kapitel 4 des Buches und im Anhang finden lassen.

Die einzelnen Übungen pro Klassenstufe unterscheiden sich oft nur in der Schwierigkeit der zu bearbeitenden Wörter, nicht aber in der Instruktion. Für eine bessere Übersichtlichkeit wurden deshalb die einzelnen Übungen und das zu bearbeitende Wortmaterial getrennt dargestellt: Übungen mit gleicher Instruktion werden nur einmal aufgeführt. Alle Übungen sind durchnummeriert und werden in den Kapiteln 4 bis 8 detailliert erläutert. Die zu verwendenden Übungswörter befinden sich – in Tabellen zusammengefasst – im Anhang. In den Tabellen ist jeweils gekennzeichnet, für welche Klassenstufe sich die Übungswörter eignen.

In den Kapiteln 4 bis 8 wird bei jeder Übungsinstruktion auf die zu verwendende Tabelle im Anhang und die betreffende Übungsnummer verwiesen, um eine eindeutige Zuordnung der Instruktionen einerseits und der Übungswörter andererseits zu erreichen. Ein Beispiel: Die Übungen Ü1 bis Ü32 beziehen sich auf die Differenzierung einzelner Laute. Hierbei wird immer die gleiche Instruktion (siehe Kapitel 4) verwendet, nur die verschiedenen Laute unterscheiden sich. Die Übungswörter für die einzelnen Laute finden sich im Anhang in den Tabellen A1 bis A9. Hierauf wird in der Instruktion hingewiesen. Bestimmte Diphthonge oder die Buchstaben W, V oder QU sind dabei nicht für Vermittlung in der ersten Klassenstufe vorgesehen. Deshalb wurden sie gesondert für die zweite und dritte Klassenstufe gekennzeichnet (siehe bspw. Tabelle A2, A9).

Bei der Darstellung der Übungen wurde großer Wert darauf gelegt, Ideen und Vorschläge von Lehrerinnen und anderen Experten zum Wortlaut der Instruktionen zu integrieren, um eine größere Anschaulichkeit zu erzielen. Diese Instruktionen wurden auch im Rahmen der Evaluierung des Trainingsprogramms verwendet und sind als Vorschläge zu werten. Ähnliche, leicht abgewandelte Formulierungen sind natürlich auch möglich. Wichtig ist nur, dass die trainierten Kinder den zu übermittelnden Inhalt verstehen. Alle Vorschläge zu wörtlichen Instruktionen sind kursiv hervorgehoben.

Bei der Beschreibung der Übungen werden unterschiedliche Symbole für Laute und Buchstaben verwendet: wenn von Buchstaben die Rede ist, dann sind diese in die Zeichen < und > eingebettet. Laute sind durch die gängigen Schrägstrich-Begrenzungen (also: /) gekennzeichnet. Aus Gründen der besseren

Lesbarkeit wird zur Darstellung von Lauten dabei auf die Benutzung der Zeichen des Internationalen Phonetischen Alphabets (IPA) verzichtet. Stattdessen werden die Buchstaben des lateinischen Alphabets verwendet. Um hervorzuheben, dass es sich um einen zu Demonstrationszwecken besonders lang oder besonders deutlich gesprochenen Laut handeln soll, wurden die Laute „visuell verlängert“, also aus /a/ wurde bspw. /aaaa/. Wenn gleichzeitig sowohl der Laut als auch der Buchstabe gemeint ist, wird dies durch einen Großbuchstaben gekennzeichnet (z. B. A statt <a> und /a/).

Zur Verbesserung der Rechtschreibleistung bzw. um die Verknüpfung von phonologischer Bewusstheit und orthografischen Kompetenzen zu fördern, beinhaltet das Training verschiedene Schreibübungen. Hierfür stehen spezielle Trainingsblätter für die Kinder und Folien für die Trainingsleiter zur Verfügung, die von der beiliegenden CD-ROM heruntergeladen und ausgedruckt werden können. Die in der Trainingsanleitung und in den Tabellen im Anhang verwendeten Übungsnummern entsprechen dabei den Dateinummern auf der CD-ROM. Die Folien beinhalten jeweils die Lösungen zu den auf den Arbeitsblättern abgedruckten Übungen. Es wird empfohlen, dass sich jedes Kind einen Hefter oder dünnen Ordner in DIN A4 anlegt, in dem es die verschiedenen Arbeitsblätter sammelt.

Folien und Arbeitsblätter für die Klassenstufen zwei und drei stehen jeweils in drei Varianten zur Verfügung: Lateinische Ausgangsschrift LA, Vereinfachte Ausgangsschrift VA und Schulausgangsschrift SAS. Für die Klassenstufe 1 steht jeweils eine Variante (Druckschrift) zur Verfügung. Alle Arbeitsblätter und Folien haben eine Lineatur (für die Klassenstufe 3 Mittelbandlineatur, für die Klassenstufen 2 und 1 einfache (durchgezogene) Linien). Anwender sollten sich jeweils die für die Klassenstufe und das Bundesland geeigneten Arbeitsblätter und Folien heraussuchen.

Es bleibt, an dieser Stelle viel Spaß und vor allem Erfolg bei der Durchführung des PHONIT zu wünschen.

Kapitel 4: Übungen zu Buchstabe-Laut-Verbindungen

In diesem Trainingsabschnitt sollen die Kinder die Verbindung zwischen gehörten Lauten, dem Buchstabenbild und der Artikulation (Mundstellung, z. B. Zungenhöhe, Zungenstellung, Lippenstellung, Luftausstoß) bei der Lautproduktion lernen sowie erste Verbindungen zum Schreiben aufbauen. Die nachfolgenden Aufgaben eignen sich sowohl als Einstieg in das Training als auch in einen speziellen Trainingsbereich, bspw. bei der Vermittlung von Plosivlauten.

4.1 Laute lernen: Einführungsübungen (Ü1 bis Ü32)

Gemeinsames Ziel aller folgenden Einführungsübungen ist es, eine Verbindung zwischen gehörtem Laut, Buchstabenbild und spezifischer Artikulation (Mundstellung) herzustellen. Der Zeitbedarf beträgt pro Laut etwa fünf Minuten. Zur Durchführung wird die Tafel benötigt.

Alle Einführungsübungen folgen dem gleichen Grundprinzip, welches in Kasten 1 an einem Beispiel vorgestellt wird. Die beispielhaften wörtlichen Instruktionen in Kasten 1 beziehen sich auf die Einführungsübung Ü1 zum A. In Kapitel 4.1 werden Einführungsübungen für alle anderen Vokale sowie für alle Mitlaute, Um- und Zwielaute vorgestellt. Die Übungen unterscheiden sich zum einen in den Nachfragen und Hinweisen zur Mundstellung, die natürlich für jeden Laut unterschiedlich sind. Im Anhang (Tabellen A1 bis A9) sind für jeden Laut entsprechende spezifische Instruktionen verzeichnet. Die in Kasten 1 unterstrichenen Instruktionen sind entsprechend anzupassen. Zum anderen beinhalten die Einführungsübungen bei einigen Lauten zusätzliche Schritte (z. B. Vergleich mit ähnlichen Lauten, Einführung einer Regel), die über das Grundschema in Kasten 1 hinausgehen. Darauf wird jeweils gesondert hingewiesen.

Kasten 1: *Grundschema für die Durchführung der Einführungsübungen*

- Einführung: Der Buchstabe wird – jeweils in der kleinen und der großen Form – an die Tafel geschrieben.
  - *Ich zeige euch jetzt einen Buchstaben und ihr sagt mir, welcher Laut das ist: Genau, das ist das /a/.*
- Eigene Mundstellung: Die Kinder sollen den Laut aussprechen und darauf achten, wie sich ihr Mund dabei anfühlt. Die Lehrerin stellt dazu Rückfragen, die den Kindern helfen sollen, die Mundstellung bewusster wahrzunehmen.
  - *Sagt noch einmal /aaaa/ und achtet darauf, wie sich euer Mund dabei anfühlt.*
    Ist er eher zu oder ganz auf? Richtig, ganz weit auf.
- Mundstellung Nachbar: Die Kinder sollen den Laut nochmals aussprechen und dabei die Mundstellung des Nachbarn beobachten. Wieder stellt die Lehrerin Rückfragen zur Mundstellung.
  - *Wir machen noch einmal alle /aaaa/ und schauen dabei unseren Nachbarn an.*
    Seht ihr den offenen Mund?
- Wiederholung der Mundstellung am Beispielwort: Die Mundstellung wird an einem Beispielwort wiederholt. Wieder sollen die Kinder auf die eigene Mundstellung achten, was durch Rückfragen unterstützt wird.
  - *Es gibt auch Wörter, die mit /a/ anfangen, z. B. „aber". Wir sagen alle ganz deutlich „aber".*
    Merkt ihr, wie euer Mund am Anfang ganz weit auf ist?
- Weitere Beispiele suchen: Die Kinder sollen weitere Beispiele suchen.
  - *Jetzt suchen wir weitere Wörter, die mit /a/ anfangen, wer kann mir eines nennen?*
    (Arm, ab, an, Ameise, Anton, Ananas, ...)

Ü1 bis Ü5 Vokale

➔ Tabelle A1 (Anhang) verwenden!

Die Durchführung erfolgt für alle Vokale analog dem Grundschema Kasten 1. Nach einer Einführung des Buchstabens an der Tafel werden die Übungsschritte *Eigene Mundstellung* und *Mundstellung Nachbar* durchgeführt. Zum Schluss wird die Mundstellung am Beispielwort wiederholt und es werden mit den Kindern weitere Beispiele gesucht. Die Übungen sind für die Klassen 1 bis 3 geeignet.

Ü6 bis Ü8 Umlaute

➔ Tabelle A2 (Anhang) verwenden!

Die Übungen Ü6 bis Ü8 werden erst ab der zweiten Klassenstufe durchgeführt.

Umlaute ähneln lautlich und im Buchstabenbild den verwandten Vokalen. Eine hohe lautliche Ähnlichkeit besteht zwischen den Umlauten Ä, Ö, Ü und den Vokalen E, O und U. Aus diesem Grund wird bei den Einführungsübungen zusätzlich zum Grundschema (Kasten 1) auch die lautliche Differenzierung zwischen Umlauten und Vokalen geübt und auf deren Ähnlichkeit im Buchstabenbild eingegangen. Des Weiteren wird die Ableitungsregel für die Schreibweise von Wörtern mit Ä eingeführt.

Durchführung:

- Einführung: Der Buchstabe wird an die Tafel geschrieben.
- Vergleich zwischen Umlaut und Vokal: Es wird der Unterschied zwischen klanglich ähnlichem bzw. verwandtem Vokal und Umlaut in Buchstabenbild, Klang und Mundstellung geübt.
  - *Instruktion für das Ä (**Ü6**): Dieser Buchstabe sieht so ähnlich aus wie das <a>, hat aber zwei Pünktchen über dem <a>. Der Laut dazu wird aber so ähnlich wie das /e/ ausgesprochen. Macht mal alle /eeeee/ und dann /ääää/. Das /ääää/ klingt wie eine Mischung aus /e/ und /a/. Sagt noch einmal ganz lang /aaaa/ und dann gleich danach /eeee/. Genau, und zusammen klingen diese beiden Laute wie das /ä/.*
  - *Instruktion für das Ö (**Ü7**): Dieser Buchstabe sieht so ähnlich aus wie das <o>, hat aber zwei Pünktchen über dem <o>. Er wird aber anders ausgesprochen, nämlich /öööö/. Sagt einmal ganz lang /oooo/ und dann gleich danach /öööö/ – merkt ihr den Unterschied?*
  - *Instruktion für das Ü (**Ü8**): Dieser Buchstabe sieht so ähnlich aus wie das <u>, hat aber zwei Pünktchen über dem <u>. Er wird auch anders ausgesprochen, nämlich /üüüü/. Sagt einmal ganz lang /uuuu/ und dann gleich danach /üüüü/ – merkt ihr den Unterschied?*
- Die weiteren Schritte entsprechen wieder dem Grundschema in Kasten 1 (Eigene Mundstellung/Mundstellung Nachbar/Wiederholung der Mundstellung am Beispielwort).

Direkt im Anschluss an die Einführung des Ä sollte die Ableitungsregel zur Unterscheidung von Wörtern mit <ä> und <e> eingeführt werden:

Bei manchen Wörtern können wir Ableitungen bilden, wenn wir feststellen wollen, ob ein Wort mit <e> oder mit <ä> geschrieben wird: „Bäcker" kommt von „backen". In „backen" ist ein <a>, deshalb wird „Bäcker" mit <ä> geschrieben. „Hände" wird mit <ä> geschrieben, weil „Hände" von „Hand" kommt. Aber „Decke" wird mit <e> geschrieben.

Nachdem zu allen drei Umlauten (Ä, Ö und Ü) eine Einführungsübung durchgeführt wurde, werden abschließend die drei Umlaute direkt miteinander verglichen. Wieder wird auf die eigene Mundstellung und die des Nachbarn geachtet.

Jetzt wiederholen wir nochmal die Laute, die wir gelernt haben, und sagen nacheinander /ä/-/ö/-/ü/. Merkt ihr, wie sich eure Lippen verändern? Schaut auch euren Nachbarn an.

Ü9 bis Ü12 Zwielaute

AU (**Ü9**), EI (**Ü10**) und EU (**Ü11**)

➔ Tabelle A3 (Anhang) verwenden!

Da bei den Zwielauten EI und EU die Schreibweise vom Lautbild abweicht, muss deren Schreibweise erlernt werden. Das Grundschema (siehe Kasten 1) wird entsprechend erweitert.

Durchführung:

- Die Einführung erfolgt durch Vorsprechen eines Wortes (die Buchstaben werden nicht gezeigt). Anschließend wird erfragt, welche Laute in dem soeben gesprochenen Wort vorkommen.
  - *AU: Ich sage euch jetzt noch ein Wörtchen: „au". Welche Laute hört ihr denn darin? [Antwort /a/ und /u/]*
  - *EI: Ich sage euch jetzt noch ein Wörtchen: „Ei". Welche Laute hört ihr denn darin? [Antwort /a/ und /i/]*
  - *EU: Ich sage euch jetzt noch ein Wörtchen: „neu". Welche Laute hört ihr denn darin? [Antwort /n/, /o/ und /i/]*

- Die nächsten zwei Schritte (Eigene Mundstellung/ Mundstellung Nachbar) entsprechen wieder dem Grundschema (Kasten 1). Beim Übungsschritt Eigene Mundstellung können die Kinder auch zunächst gefragt werden, woran sie den Umlaut erkennen können (Mundstellung erst erklären lassen). Dann sollte die Mundstellung aber auch nochmals geübt werden.

- Im nächsten Übungsschritt erfragt die Lehrerin die Schreibweise des Wortes. Wenn Laut- und Buchstabenbild voneinander abweichen (also bei EI und EU), wird die Schreibweise eingeführt (die Buchstaben sollen dabei sowohl genannt als auch an die Tafel geschrieben werden).
  - *AU: Und mit welchen Buchstaben schreiben wir „au"? [Die Antwort wird meist richtig gegeben: mit <a> und <u>].*
  - *EI: Und mit welchen Buchstaben schreiben wir „Ei"? Ja, eigentlich müssten wir jetzt ein <a> und ein <i> schreiben. Es gibt aber eine Regel, und die müsst ihr euch merken! /aaaaiiii/ wird fast immer mit <e> und <i> geschrieben. Hier zeige ich euch, wie das dann aussieht. [An die Tafel schreiben.]*
  - *EU: Und mit welchen Buchstaben schreiben wir „neu"? Ja, eigentlich müssten wir jetzt ein <n>, <o> und ein <i> schreiben. Es gibt aber eine Regel, und die müsst ihr euch merken! /ooooiiii/ wird fast immer mit <e> und <u> geschrieben. Hier zeige ich euch, wie das dann aussieht. [An die Tafel schreiben.]*

- Wiederholung der Mundstellung am Beispielwort (siehe Kasten 1)

- Weitere Beispiele suchen
  - *Jetzt suchen wir weitere Wörter, die mit ... anfangen oder ein ... in der Mitte haben.*

Zwielaut ÄU (**Ü12**)

Diese Übung ist nur für die Klassen 2–3 geeignet. Das <äu> darf erst eingeführt werden, nachdem <eu> behandelt wurde. Für die richtige Schreibung von Wörtern mit <äu> ist die Anwendung einer Rechtschreibregel nötig. In der Einführungsübung wird deshalb die Ableitungsregel für die Schreibweise von Wörtern mit <äu> behandelt.

Durchführung:

- Einführung: Wörter mit <eu> wiederholen:
  - *In der letzten Stunde habt ihr mir viele Wörter genannt, in denen ein <eu> vorkommt. Vorhin haben wir auch schon einige davon wiederholt. [Zwei bis drei Beispiele nennen lassen.]*

- Verschiedene Schreibweisen des Lautes /ooooiiii/ erläutern
  - *Meistens wird das /ooooiiii/ mit <e> und <u> geschrieben. Aber manchmal wird das /ooooiiii/ mit <ä> und <u> geschrieben. Also nicht mit einem <e> sondern mit einem <ä> und dem <u>. [An die Tafel schreiben.]*

- Ableitungsregel erklären
  - */ooooiiii/ wird immer dann mit <ä> und <u> geschrieben, wenn das Wort aus einem anderen Wort abgeleitet werden kann. Zum Beispiel ist das Wort „Räume" aus dem Wort „Raum" abgeleitet". [Beispiel an die Tafel schreiben.]*

- Übung der Ableitungsregel am Beispiel „Baum"
  - *Welchen Laut hört ihr denn in dem Wort „Baum"? Genau, das /au/, in Buchstaben also ein <a> und ein <u>. Da das Wort „Baum" mit dem Laut /au/ geschrieben wird, schreibt man die Mehrzahl von „Baum" – „Bäume" – nicht mit einem <e> und einem <u>, sondern mit einem <ä> und dem <u>.*

- Beispielwörter suchen und an die Tafel schreiben. Wichtig ist, sich dabei immer die Ableitung mit nennen zu lassen oder selbst zu nennen, falls sie den Kindern nicht einfällt.
  - *Es gibt noch andere Wörter, die das <äu> in der Mitte haben. Wer kann mir eines nennen? Wisst ihr auch, aus welchen Wörtern sie abgeleitet sind?: Träume – Traum, Mäuse – Maus, Häuser – Haus, Läuse – Laus, Bläuling – blau (Schmetterling).*

- Schreibweise von Wörtern erklären, bei denen die Ableitungsregel nicht anwendbar ist (<eu>).
  - *In anderen Wörtern könnt ihr aber keine Ableitung bilden, wie z.B. bei „Leute" oder „heute". „Laut" hat mit „Leute" nichts zu tun, und „Haut" hat auch nichts mit „heute" zu tun, ist das klar? Deshalb schreibt man „heute" und „Leute" auch mit <eu>. [An die Tafel schreiben.]*

Ü13 bis Ü32 Mitlaute

Bestimmte Mitlaute haben eine hohe lautliche Ähnlichkeit und können deshalb leicht verwechselt werden: insbesondere Zischlaute (S, F, SCH ...) bzw. verwandte Plosive (D und T, G und K sowie B und P) sind einander lautlich sehr ähnlich, was manchen Kindern Schwierigkeiten bereitet. In den Einführungsübungen wird deshalb das Grundschema (siehe Kasten 1) entsprechend erweitert und die Unterscheidung zwischen ähnlich klingenden Lauten besonders geübt. Beim Vorsprechen ist auf eine besonders deutliche Aussprache zu achten. Zum Beispiel ist bei der Einführung des L anhand des Wortes „Laub" das /l/ über zu betonen (/lllll/). In den folgenden Übungen wird spezifisch die Differenzierung ähnlich klingender Mitlaute geübt.

Die Behandlung der Mitlaute kann mit folgender Einleitung eingeführt werden:

- *Bisher haben wir uns nur mit den Selbstlauten beschäftigt. Es gibt aber noch ganz viele andere Laute, die nennen wir Mitlaute, weil sie erst gemeinsam mit den Selbstlauten so richtig gut zu hören sind. Auch die Mitlaute können wir als Buchstaben schreiben.*

M, N, L, R (**Ü13 bis Ü16**)

➔ Tabelle A4 (Anhang) verwenden!

Die Durchführung erfolgt analog dem Grundschema Kasten 1. Nach einer Einführung des Buchstabens an der Tafel werden die Übungsschritte *Eigene Mundstellung* und *Mundstellung Nachbar* durchgeführt. Zum Schluss werden die Mundstellungen am Beispielwort wiederholt und es werden mit den Kindern weitere Beispiele gesucht.

S, Z, SCH, F (**Ü17 bis Ü20**)

➔ Tabelle A5 (Anhang) verwenden!

Die Durchführung erfolgt analog dem Grundschema Kasten 1. Nach einer Einführung des Buchstabens an der Tafel werden die Übungsschritte *Eigene Mundstellung und Mundstellung Nachbar* durchgeführt. Zum Schluss werden die Mundstellungen am Beispielwort wiederholt und es werden mit den Kindern weitere Beispiele gesucht.

Zur Hilfestellung und besseren lautlichen Unterscheidung der Zischlaute /s/ und /z/ können Gleichnisse verwendet werden. Immer wieder, wenn die Kinder während der Einführungsübung das /s/ aussprechen, kann darauf hingewiesen werden, dass es wie das Summen einer Biene klingt. Beim /z/ kann darauf hingewiesen werden, dass es wie das Zischen einer Schlange klingt. Wenn die Kinder die eigene Mundstellung üben, wird des Weiteren verstärkt auf den Vergleich zwischen den Zischlauten geachtet (siehe Instruktionen bei *Eigene Mundstellung* in Tabelle A5).

Bei der Einführung des <sch> sollte zu Beginn der Einführungsübung gesondert darauf hingewiesen werden, dass der entsprechende Zischlaut aus drei Buchstaben besteht:

Ich zeige euch jetzt noch drei andere Buchstaben, die zusammengehören und auch ein Zischlaut sind. [An die Tafel schreiben.]

CH (**Ü21**)

➔ Tabelle A6 (Anhang) verwenden!

Vor Einführung des CH sollten die Kinder das R beherrschen.

Die Buchstabenkombination <ch> kann auf zweierlei Weise ausgesprochen werden: entweder am Gaumen wie in „ich" („ich-Laut") oder im Rachen wie in „Dach" („ach-Laut"). Darüber hinaus besteht eine lautliche Ähnlichkeit zwischen dem im Rachen produzierten CH und dem R. Es werden deshalb zwei getrennte Einführungsübungen für das CH durchgeführt: als erstes das im Gaumen produzierte, danach das im Rachen produzierte CH.

Die Durchführung für das im Gaumen produzierte CH:

- Einführung des Buchstabenbildes: Die Buchstabenkombination <sch> wird an die Tafel geschrieben. Dieses sollen die Kinder zunächst wiedererkennen. Dann wird daraus durch Abdecken des <s> das <ch> eingeführt.
  - *Wir schauen uns jetzt noch einmal das <sch> an. Das besteht ja aus den Buchstaben <s>, <c> und <h>. [Die Buchstaben nennen.] Wenn ich jetzt das <s> weglasse [abdecken], haben wir einen neuen Laut. Weiß jemand, wie der heißt? [Möglichst beide Varianten nennen lassen.]*
- Einführung verschiedener Aussprachen: Es wird eingeführt, dass <ch> verschieden ausgesprochen werden kann. Erst wird das im Gaumen produzierte CH vorgestellt.
  - *Wir können diesen Laut verschieden aussprechen, es kommt immer auf das Wort an. Im Wort „ich", wird der Laut wie /chchchch/ [am Gaumen produzieren] gesprochen.*
- Die weiteren Schritte entsprechen wieder dem Grundschema für Einführungsübungen (Kasten 1): *Eigene Mundstellung*, *Mundstellung Nachbar*, Wiederholung der Mundstellung am Beispielwort, Sammeln von Beispielwörtern.

Die Durchführung für das im Rachen produzierte CH:

- Einführung Aussprache des CH im Rachen: Die zweite Aussprachemöglichkeit des <ch> im Rachen wird eingeführt. Dabei wird gleichzeitig mit dem R verglichen.

- *Es gibt aber noch eine andere Möglichkeit, diese Buchstabenkombination <ch> [an der Tafel zeigen] auszusprechen: Im Wort „ach" wird der Laut wie /chchchch/ [im Rachen produzieren] gesprochen. Erinnert euch das /chchchch/ an einen anderen Laut, den wir schon kennen? Genau, das /rrrr/. Bei beiden Lauten haben wir einen offenen Mund und wie das /rrrr/ wird das /chchchch/ im Rachen gemacht, aber etwas höher.*

■ Die weiteren Schritte entsprechen wieder dem Grundschema für Einführungsübungen (Kasten 1): *Eigene Mundstellung, Mundstellung Nachbar,* Wiederholung der Mundstellung am Beispielwort, Sammeln von Beispielwörtern.

P, B, T, D, K, G (**Ü22 bis Ü27**)

➔ Tabelle A7 (Anhang) verwenden!

Die Unterscheidung verwandter Plosive (P und B; T und D sowie K und G) bereitet einigen Kindern Schwierigkeiten. Als Hilfestellung kann der unterschiedliche Luftausstoß während der Artikulation bzw. die unterschiedliche Fühlbarkeit einer Vibration im Kehlkopfbereich verwandter stimmhafter bzw. stimmloser Plosive genutzt werden: bei den stimmhaften Plosiven (B, D und G) ist der Luftausstoß gering und der Kehlkopfbereich vibriert bei der Lautbildung. Bei den stimmlosen Plosiven (P, T und K) ist der Luftausstoß deutlich stärker und der Kehlkopfbereich vibriert nicht. In den Einführungsübungen wird das Grundschema (siehe Kasten 1) deshalb um entsprechende Übungsschritte erweitert, mit denen den Kindern diese Strategie zur Unterscheidung der Laute an die Hand gegeben werden soll. Es empfiehlt sich, die Übungen zu zwei verwandten Plosiven (also P und B; T und D sowie K und G) immer direkt nacheinander durchzuführen. Dabei sollte jeweils zuerst das stimmlose Plosiv (P, T und K) und direkt danach das verwandte stimmhafte Plosiv (B, D und G) behandelt werden. Bei der Einführung des stimmhaften Plosivs sollten dann jeweils mehrere Vergleiche mit dem zuvor behandelten verwandten stimmlosen Plosiv in die Übung integriert werden.

Durchführung:

■ Einführung: Der Buchstabe wird an die Tafel geschrieben.

■ Erster Vergleich (nur bei Behandlung des stimmhaften Plosivs durchführen): Die Kinder sollen das gerade behandelte stimmhafte Plosiv mit dem zuvor behandelten verwandten stimmlosen Plosiv vergleichen. Es wird auf die Ähnlichkeit, aber auch die weichere Aussprache hingewiesen.

- *B: Es hört sich so ähnlich an wie /pppp/, aber viel weicher.*
- *D: Es hört sich so ähnlich an wie /tttt/, aber viel weicher.*
- *G: Es hört sich so ähnlich an wie /kkkk/, aber viel weicher.*

■ Eigene Mundstellung (analog dem Grundschema in Kasten 1).

■ Zweiter Vergleich (nur bei Behandlung des stimmhaften Plosivs durchführen): Die Kinder sollen nochmals beide verwandten Plosive aussprechen und auf den Unterschied achten.

- *B: Sprecht jetzt alle noch einmal /pppp/ und dann /bbbb/, und dann nochmal /pppp/ und dann wieder /bbbb/. Merkt ihr den Unterschied? [Andere Plosive analog behandeln.]*

■ Mundstellung Nachbar (Grundschema Kasten 1)

■ Luftausstoß spüren: Die Kinder sollen sich die Hand vor den Mund halten und spüren, wie viel Luft sie ausstoßen. Bei stimmlosen Plosiven wird hervorgehoben, wie viel Luft ausgestoßen wird, bei stimmhaften Plosiven, wie wenig Luft ausgestoßen wird.

- *Stimmloser Plosiv (P, T, K): Und jetzt haltet alle mal eure Hand vor den Mund und macht noch einmal /pppp/. Merkt ihr, wie die Luft ausgestoßen wird?*
- *Stimmhafter Plosiv (B, D, G): Und jetzt haltet alle mal eure Hand vor den Mund und macht noch einmal /bbbb/. Merkt ihr, wie wenig Luft ausgestoßen wird?*

■ Dritter Vergleich: Nachdem beide verwandten Plosive behandelt wurden (also sowohl P und B, oder T und D bzw. G und K), wird der Luftausstoß zwischen den beiden Plosiven direkt miteinander verglichen.

- *P und B: Haltet alle mal eure Hand vor den Mund und macht noch einmal /pppp/ und dann /bbbb/, und wieder /pppp/ und jetzt wieder /bbbb/. Merkt ihr, wie wenig Luft ausgestoßen wird? Viel weniger Luft als beim /pppp/. [Andere Plosive analog behandeln.]*

■ Vibration im Kehlkopfbereich: Diese Übung wird nur bei den stimmhaften Plosiven durchgeführt. Die Kinder sollen ihre Handfläche auf den Kehlkopf legen und den Daumen auf der einen Seite sowie die Fingerspitzen auf der anderen Seite unter den Unterkiefer legen. Dies soll bei den Kindern kontrolliert werden. Die Kinder sollen einen stimmhaften Plosiv sagen und spüren, wie der Kehlkopfbereich vibriert/zittert.

- *B: Und jetzt legt einmal eine Hand so an den Hals, wie ich es vormache. Sagt jetzt alle einmal /bbbb/ und lasst eure Hand dann so liegen. Merkt ihr, wie es hier [unter den Unterkiefer zeigen] und hier [die Stelle des Kehlkopfes zeigen] vibriert /zittert? [Andere Plosive analog behandeln.]*

- Vierter Vergleich: Die Vibration im Kehlkopfbereich wird direkt zwischen den beiden verwandten Plosiven verglichen.
  - *P und B: Jetzt macht einmal /pppp/. Merkt ihr, dass dabei nichts zittert? Daran könnt ihr auch das /p/ und das /b/ erkennen. Beim weichen /b/ zittert etwas in eurem Hals, wie bei einer Feder im Wind, beim harten /p/ zittert nichts, wie bei einem Stück Holz. [Andere Plosive analog behandeln.]*
- Wiederholen am Beispielwort (wie im Grundschema Kasten 1)
- Weitere Beispiele suchen (wie im Grundschema Kasten 1)

H, J (**Ü28 bis Ü29**)

➔ Tabelle A8 (Anhang) verwenden!

Das hörbare /h/ in der Wortmitte wird erst ab Klassenstufe 2 vermittelt. Wörter mit H in der Wortmitte sollten deshalb auch erst ab Klassenstufe 2 als Beispiel herangezogen werden. Des Weiteren sollten das SCH, das CH und das I bekannt sein. Unmittelbar vor Einführung des J sollten das Gaumen-CH und das I wiederholt werden.

Die Durchführung der Übungen Ü28 und Ü29 erfolgt analog dem Grundschema Kasten 1. Zuerst erfolgt die Einführung des Buchstabens an der Tafel. Dabei sollte an bereits Bekanntes angeknüpft und die Kinder nach dem neuen Buchstaben gefragt werden. Der Buchstabe <h> (Ü28) ist bereits vom <sch> und vom <ch> bekannt. Der Buchstabe <j> (Ü29) ähnelt im Schriftbild dem <i>.

> *H: Wir beschäftigen uns jetzt mit zwei neuen Buchstaben. Den einen kennt ihr eigentlich schon vom <sch> oder <ch>. Man kann ihn aber auch alleine schreiben und aussprechen. Wie heißt der Buchstabe? [Antwort abwarten!] Und wie sprechen wir den Laut dazu richtig aus? [Antwort abwarten!]*
>
> *J: Den nächsten Buchstaben habt ihr wahrscheinlich noch nicht so häufig gesehen. Weiß jemand, wie der Buchstabe heißt? An welchen anderen Buchstaben erinnert er euch denn? Ja, der Buchstabe sieht so ähnlich aus wie das <i>, er heißt aber <j>.*

Wie im Grundschema ist der nächste Übungsschritt die *Eigene Mundstellung*. Bei der Einführung des H wird dabei zusätzlich auch auf den Luftausstoß hingewiesen, welcher bei der Artikulation des /h/ erfolgt. Anschließend wird der Übungsschritt *Mundstellung Nachbar* durchgeführt. Zum Schluss wird die Mundstellung am Beispielwort wiederholt und es werden mit den Kindern weitere Beispiele gesucht.

W (**Ü30**)

➔ Tabelle A9 (Anhang) verwenden!

Diese Übung wird erst ab der zweiten Klassenstufe durchgeführt. Das F sollte bekannt sein. Bevor das W behandelt wird, sollte das F wiederholt werden.

Es besteht eine hohe lautliche Ähnlichkeit zwischen dem (stimmhaften) /w/ und dem (stimmlosen) /f/, die Laute können jedoch durch Luftausstoß und Vibration im Kehlkopfbereich gut unterschieden werden. In der Einführungsübung zum W wird das Grundschema (siehe Kasten 1) deshalb um entsprechende Übungsschritte erweitert, bei denen auch /w/ und /f/ direkt miteinander verglichen werden.

Durchführung:

- Einführung: Zuerst erfolgen analog dem Grundschema (Kasten 1) die Übungsschritte Einführung des Buchstaben und Eigene Mundstellung.

- Erster Vergleich: Die Lehrerin fragt die Kinder danach, welcher Laut eine ähnliche Mundstellung hat wie das W und bei wem ebenfalls Luft herausgepresst wird. Um den Unterschied zu üben, sollen die Kinder wiederholt nacheinander erst /w/ und dann /f/ sagen und wieder /w/ und wieder /f/.
  - *Bei welchem Laut stehen denn die Zähne auch über der Unterlippe und die Luft wird herausgepresst? Das hört sich dann so an, als würde man aus einem Reifen die Luft herauslassen. Richtig, beim /ffff/. Aber beim /wwww/ pressen wir viel weniger Luft zwischen den oberen Zähnen und der Unterlippe hindurch als beim /ffff/. Was ist denn noch anders beim /w/? Wenn wir /wwww/ machen, hört jeder seine Stimme, das ist wie ein Brummen. Aber beim /ffff/ hören wir nur die Luft zischen, die wir zwischen Zähnen und Lippe herauspressen.*

- Mundstellung Nachbar (siehe Kasten 1)

- Zweiter Vergleich (Luftausstoß): Die Kinder sollen /w/ sagen, sich die Hand vor den Mund halten und spüren, wie wenig Luft beim /w/ ausgestoßen wird (dass es weniger ist als beim /f/).

- Vibration im Kehlkopfbereich: Die Kinder sollen ihre Handfläche auf den Kehlkopf legen und den Daumen auf der einen Seite sowie die Fingerspitzen auf der anderen Seite unter den Unterkiefer legen. Die Kinder sollen /w/ sagen und die Vibration spüren.

- Dritter Vergleich (Vibration): Die Kinder sollen /w/ und /f/ sagen und auf die unterschiedliche Vibration achten.
  - *Daran könnt ihr auch das /w/ und das /f/ erkennen. Beim weichen /w/ zittert etwas in eurem Hals, wie bei einer Feder im Wind, beim /f/ zittert nichts, wie bei einem Stück Holz.*

- Zum Schluss wird wie beim Grundschema (Kasten 1) am Beispielwort wiederholt und weitere Beispiele gesucht.

Stimmlos artikuliertes V (**Ü31**)

Diese Übung wird erst ab der zweiten Klassenstufe durchgeführt.

➔ Tabelle A9 (Anhang) verwenden!

Die Lautbildung des stimmlos artikulierten V ist mit dem F identisch, weshalb Kinder sich die Schreibweise entsprechender Wörter merken müssen. Die Schreibweise kann nicht aus dem Klangbild hergeleitet werden. Um die Einführungsübung zu erleichtern, sollte vor Durchführung der Ü31 das F wiederholt werden, es sei denn, die Vermittlung erfolgt im direkten Anschluss an das W.

Bei der Durchführung der Ü31 können die sonst im Grundschema (Kasten 1) enthaltenen Übungsschritte zur Mundstellung entfallen, da diese mit der Mundstellung des schon zuvor behandelten F übereinstimmen.

- Bei der Einführung des Buchstaben wird auf die Ähnlichkeit im Schriftbild zum W hingewiesen.
  - *Ich zeige euch jetzt einen Buchstaben. An welchen anderen Buchstaben erinnert er euch denn? Ja, der Buchstabe sieht so ähnlich aus wie das <w>, er heißt aber <v>.*
- Einführung der (stimmlosen) Artikulation: Die Kinder werden gefragt, wie der Buchstabe ausgesprochen wird. Es wird erarbeitet, dass die Aussprache meistens die gleiche ist wie beim F.
  - *Weiß jemand, wie wir diesen Buchstaben aussprechen? Genau, das <v> wird oft genauso wie ein <f> ausgesprochen, so wie im Wort „voll“.*
  - *Wir schreiben „voll“ am Anfang mit einem <v>, und wir sprechen „voll“ am Anfang mit einem /ffff/. Wir sagen alle ganz deutlich „voll“.*

- Weitere Beispiele suchen: Beim Beispiele suchen werden die Kinder darauf hingewiesen, dass sie sich die Schreibweise dieser Wörter merken müssen, weil sie nicht hergeleitet werden kann. Es empfiehlt sich, im Anschluss mit Lese- bzw. Schreibübungen zum V fortzufahren.

Qu (**Ü32**)

Diese Übung ist nur für die Klasse 3 geeignet. Zur Erleichterung für die Trainingskinder sollten zuvor das K und W wiederholt werden. Es muss beachtet werden, dass W und V erst ab Klassenstufe 2 trainiert werden und das Qu erst ab Klassenstufe 3.

Die Lautbildung des Qu ist identisch mit der Lautfolge /k/-/w/. Die Laute /k/ und /w/ sind den Kindern bereits bekannt (die Lautbildung wird hier deshalb nicht noch einmal geübt), die Schreibweise müssen sich die Kinder merken.

Bei der Durchführung der Ü32 können die sonst im Grundschema (Kasten 1) enthaltenen Übungsschritte zur Mundstellung entfallen, da diese mit der Mundstellung der schon zuvor behandelten Laute /k/ und /w/ übereinstimmen.

- Erfragen der Schreibweise der Lautreihenfolge /k/-/w/: Die Kinder werden gefragt, wie sie ein Wort schreiben würden, welches mit /k/ und /w/ beginnt.
  - *Es gibt Wörter, die fangen mit /k/ an und der nächste Laut danach ist ein /w/ – also /k/-/w/. Ein Beispiel ist das Wort „Quark“. Wie würdet ihr denn „Quark“ schreiben? [Wahrscheinlich wird „kwark“ buchstabiert.]*

- Einführung der Buchstaben <qu>:
  - *Eigentlich habt ihr Recht, aber auch hier gibt es eine Ausnahme: Immer, wenn ihr ein /k/-/w/ hört, wird das mit diesen beiden Buchstaben geschrieben: <qu>. [An der Tafel zeigen.] Das müsst ihr euch gut merken, wir schreiben nie <kw>, sondern immer <qu>.*

- Beispielwort aufschreiben:
  - *Und so sieht das Wort „Quark“ dann aus. [An die Tafel schreiben.]*
- Weitere Beispiele suchen: Qualle, Quitte, Quiz, quer.

4.2 Laute Lernen: Wiederholungsübungen (Ü33 bis Ü65)

Ziel der Wiederholungsübungen ist es, die Verbindung zwischen gehörtem Laut und Buchstabenbild zu festigen. Des Weiteren sollen die Kinder die Artikulationsmerkmale, anhand derer sich Laute identifizieren lassen (Mundstellung, Luftausstoß, Vibration im Kehlkopfbereich) sicher beherrschen lernen. Die Differenzierung zwischen ähnlich klingenden Lauten soll vertieft werden. Der Zeitbedarf beträgt pro Wiederholungsübung etwa fünf Minuten. Es werden keine Materialien benötigt. Für jeden gelernten Laut (siehe Kapitel 4.1) sollte eine Wiederholungsübung durchgeführt werden. Die Wiederholung sollte jeweils in der nachfolgenden Übungsstunde stattfinden, nachdem die Laute eingeführt wurden.

Ü33 bis Ü63 Einzelne Laute wiederholen: Vokale, Umlaute, Zwielaute, Mitlaute

➔ Tabellen A10 und A11 (Anhang) verwenden!

Durchführung:

- Die Artikulation und insbesondere die Mundstellung wird anhand gezielter Fragen im Gespräch wiederholt. Wenn bei einem Laut Besonderheiten zu beachten sind (siehe Kapitel Einführungsübungen, z. B. die Ableitungsregel beim <eu> bzw. <äu> oder die Aussprache im Rachen oder Gaumen beim <ch>), dann werden diese ebenfalls im Unterrichtsgespräch wiederholt. Die Kinder werden jeweils nach der Besonderheit des Lautes gefragt.
  - *In der letzten Stunde haben wir die Laute [Laute einsetzen] kennengelernt. Wir wollen jetzt noch einmal wiederholen, woran wir die einzelnen Laute erkennen können.*
  - *Wer kann mir sagen, woran wir das [Laut einsetzen] erkennen können?*
  - *Wie fühlt sich euer Mund an? [Mundstellung erklären lassen!]*
  - *Was war denn das Besondere an dem Laut ...?*
  - Beispiel Ableitungsregel beim Zwielaut Eu: *Kann mir jemand sagen, wann wir <ä> und <u> schreiben?*
- Anschließend werden mit den Kindern Wörter gesammelt, welche den entsprechenden Laut enthalten.
  Nennt mir doch mal einige Wörter, in denen das [Laute einsetzen] vorkommt.

Beispielwörter für Vokale, Umlaute und Zwielaute (Ü33 bis Ü44) finden sich im Anhang in Tabelle A10. Beispielwörter für Konsonanten (Ü45 bis Ü63) finden sich im Anhang in Tabelle A11.

Ü64 Mehrere Plosive wiederholen und vergleichen

Wurden alle Plosivlaute behandelt, sollten in der nächsten Übungsstunde alle Plosivlaute hinsichtlich der Artikulation (Mundstellung, Luftausstoß, Vibration) miteinander verglichen werden.

Durchführung:

- Artikulation einzelner Plosivlaute: Im ersten Schritt wird für jeden einzelnen Plosivlaut wiederholt, woran dieser zu erkennen ist.
  - *In der letzten Stunde haben wir die Laute /b/ und /p/, /d/ und /t/ sowie /g/ und /k/ kennengelernt. Wir wollen jetzt noch einmal wiederholen, woran wir die einzelnen Laute erkennen können.*
  - *Wer kann mir sagen, woran wir das [Laut einsetzen] erkennen können?*
  - *Wie fühlt sich euer Mund an? [Mundstellung erklären lassen!]*
  - *Vibriert es im Hals?*
  - *Wie viel Luft wird ausgestoßen? [Hand vor den Mund halten lassen!]*
- Vergleich der Plosive: Danach werden durch Fragen an die Kinder Ähnlichkeiten und Unterschiede in der Artikulation zwischen den Plosivlauten wiederholt.
  - *Gibt es da Ähnlichkeiten zwischen [Plosiv einsetzen] und [Plosiv einsetzen]?*
  - *Und gibt es auch Unterschiede?*

In Tabelle 2 ist zusammengefasst, welche Vergleiche durchgeführt werden:

Tabelle 2: *Vergleichende Wiederholungsübung zu Plosiven*

Zu vergleichende Plosive	Ähnlichkeit	Unterschied
b und p	Mundstellung	Luftausstoß
b und d	Vibration	Mundstellung
p und t	Luftausstoß	Mundstellung
b, d und g	Vibration	Mundstellung
p, t und k	Luftausstoß	Mundstellung

Ü65 Abschließende Wiederholungsübung als Mannschaftsspiel

Dieses Spiel sollte durchgeführt werden, nachdem alle Laute in Einführungsübungen und Wiederholungsübungen behandelt wurden.

Durchführung: Die Kinder werden in zwei Mannschaften aufgeteilt. Die eine Mannschaft geht hinter den linken, die andere hinter den rechten Teil der Tafel. Die Kinder sollen alle Buchstaben aufschreiben, die bisher behandelt wurden. Wer zuerst fertig ist, soll „stopp" rufen. Sobald die erste Mannschaft fertig ist (stopp gerufen hat), werden die Ergebnisse verglichen. (*So, jetzt wollen wir doch mal sehen, ob ihr alle Buchstaben gefunden habt.*)

Bei der Auswertung des Spiels sollten die Ergebnisse immer gelobt werden, auch wenn nicht alle Buchstaben gefunden wurden. Als Belohnung kann die Siegermannschaft auf der Mitmachkarte zwei Stempel erhalten, die andere Mannschaft einen Stempel.

4.3 Laute und lautgetreue Wörter schreiben (Ü66 bis Ü85)

Alle Übungen in Kapitel 4.3 dienen dem Ziel, dass die Kinder lernen, lautgetreu richtig zu schreiben.

Ü66 bis Ü84 Schreibübungen

➔ Tabelle A12 (Anhang) verwenden!

Der Zeitbedarf pro Übung beträgt etwa fünf bis zehn Minuten. Es werden die Tafel, ein handelsübliches Schreibheft und Stifte benötigt. Das lautgetreue Schreiben sollte zuerst anhand einsilbiger Wörter geübt werden. Wird dies sicher beherrscht, kann zu mehrsilbigen Wörtern übergegangen werden.

Durchführung für einsilbige Wörter:

- Laute eines Beispielwortes hören: Mit den Kindern wird im Gespräch durch Nachfragen erarbeitet, welche Laute sie in einem Beispielwort hören. Die Kinder sollen dabei auch auf die Artikulation achten.
  - *Wir versuchen das mal an einem Beispiel. Welche Laute hört ihr im Wörtchen [Beispielwort]? Welche Laute kommen darin vor?*
  - *Wie fühlt sich euer Mund an und welche Laute hört ihr? [Beispielwort nochmals nennen.]*
- Laute aufschreiben: Wurden alle Laute richtig erkannt, sollen die Kinder die gehörten Laute im nächsten Schritt in ihr Heft schreiben. Es empfiehlt sich, das Beispielwort auch an die Tafel zu schreiben.
  - *Schreibt diese Laute so auf, dass ein Wort daraus wird! [Wort an die Tafel schreiben und dabei lautieren.]*

Das lautgetreue Schreiben wird anschließend analog mit weiteren einsilbigen Wörtern (siehe Tabelle A12) geübt.

Durchführung für mehrsilbige Wörter:

- Beispielwort in Silben unterteilen: Mit den Kindern wird im Gespräch durch Nachfragen erarbeitet, wie viele Silben ein Beispielwort hat.
  - *Wir haben ja gelernt, dass man Wörter auch in Silben unterteilen kann. Wie viele Silben hat denn das Wort [Beispielwort, z. B. „Mami"]?*
- Laute silbenweise bestimmen und hintereinander aufschreiben lassen, sodass am Ende ein Wort entsteht:
  - *Wie lautet die erste (zweite) Silbe in [Beispielwort]? [Silbe nennen lassen.] Und welche Laute kommen denn in der ersten (zweiten) Silbe vor? [Laute nennen lassen.] Erste Silbe: Schreibt jetzt erst einmal diese Laute auf. Zweite Silbe: Schreibt jetzt diese Laute zu den ersten dazu.*

Das lautgetreue Schreiben wird anschließend analog mit weiteren mehrsilbigen Wörtern (siehe Tabelle A12) geübt. (*Wir wollen das mit anderen Wörtern weiter versuchen.*)

Ü85 Buchstaben auf den Rücken malen

➔ Arbeitsblätter Ü85 (1 bis 8) verwenden!

Der Zeitbedarf pro Übung beträgt ungefähr zehn Minuten. Es werden die Arbeitsblätter für das Buchstabenmalen (siehe Abbildung 9) benötigt, die auf der beiliegenden CD-ROM gespeichert sind. Es stehen Arbeitsblätter für die Klassenstufe 1 sowie für die Klassen 2 und 3 zur Verfügung. Die Klassen 2 und 3 verwenden dieselben Blätter. Die Tabellen 3 und 4 geben Auskunft, welche Buchstaben bzw. Wörter mit welchem Übungsblatt geübt werden. Weiterhin werden für jedes Kind ein Blatt leeres Papier und ein Bleistift benötigt.

Durchführung: Die Kinder sollen sich paarweise zusammenstellen. Sie sollen sich zu zweit jeweils so aufstellen, dass immer ein Kind den Rücken des anderen sieht. Der „Hintermann" bekommt jetzt ein Buchstabenblatt (Version A). Der Vordermann erhält ein leeres Blatt Papier und einen Bleistift und darf sich nicht umdrehen. Der Hintermann „malt" alle Buchstaben langsam mit dem Finger auf den Rücken des Vordermanns und dieser soll sie dann auf sein Blatt schreiben. Zum Schluss wird verglichen, ob die Buchstaben überein-

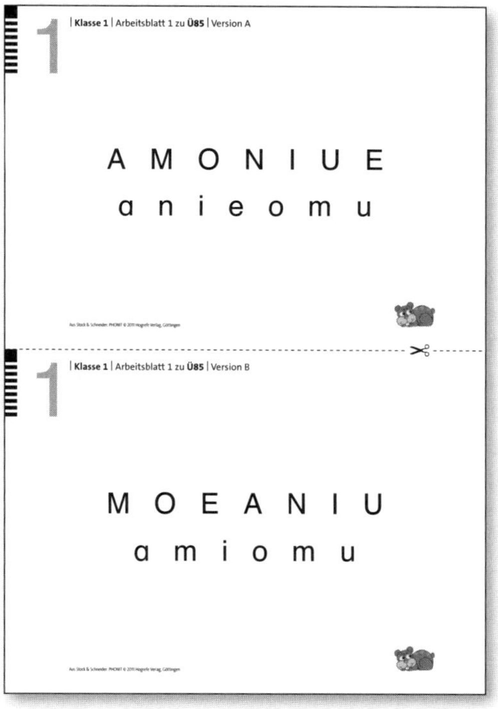

Abbildung 9: *Arbeitsblatt 1 für die Klasse 1 zur Übung „Buchstabenmalen" (Ü85)*

stimmen. Die Kinder sollen während des Spiels leise sein. Sie dürfen die Wörter nicht aussprechen, damit niemand anders sie erraten kann.

Wir machen jetzt ein Buchstabenspiel. Dafür braucht jeder ein Blatt und einen Bleistift. Stellt euch jetzt bitte alle zu zweit so auf, dass immer einer von euch auf den Rücken des anderen schaut. Der „Hintermann" bekommt jetzt ein Blatt Papier, auf dem viele Buchstaben bzw. Wörter stehen. Der Vordermann darf sich nicht umdrehen! Der Hintermann malt mit dem Finger alle Wörter langsam auf den Rücken des Vordermanns und der soll sie dann auf sein Blatt schreiben. Zum Schluss können wir vergleichen, ob die Buchstaben/Wörter übereinstimmen. [Arbeitsblätter austeilen!] Und leise sein! Ihr dürft die Wörter nicht aussprechen, damit niemand anders sie erraten kann.

Nachdem die Wörter bzw. Buchstaben das erste Mal verglichen wurden, werden die Rollen vertauscht und ein zweites Arbeitsblatt (Version B) wird ausgeteilt.

Tabelle 3: *Arbeitsblätter für das Buchstabenmalen (Klasse 1)*

Übungsblatt	Version A	Version B
Ü85 1	A, M, O, N, I, U, E a, n, i, e, o, m, u	M, O, E, A, N, I, U a, m, i, o, m, u
Ü85 2	Sch, M, O, N, I, U, E, AU a, n, i, e, z, m, u, ei, s	M, O, F, A, N, I, U, EI a, m, i, o, s, u, au, z, sch
Ü85 3	S, M, O, N, I, U, E, AU a, n, i, e, z, m, u, ei, s	M, O, Z, A, N, I, U, EI a, m, i, o, s, u, au, z, e
Ü85 4	M, O, F, A, N, F, U, EI a, m, i, o, sch, u, au, z, e	F, M, O, N, I, U, E, AU a, n, i, e, z, m, u, ei, sch
Ü85 5	D, O, F, A, B, K, U, G a, p, t, o, d, u, g, z, ch	F, P, O, T, I, U, E, G a, k, i, ch, d, g, u, p, s
Ü85 6	D, O, J, A, S, H, U, G a, p, t, o, d, j, g, h, e	H, S, O, T, J, U, E, G a, k, j, e, d, g, u, b, h
Ü85 7	doch, Baum, Korb, oder, gut	Frau, ich, oben, Turm, aber
Ü85 8	Nina, drei, Opa, Haus, Zug	Name, oft, sein, Park, Zeit

Tabelle 4: *Blätter für das Buchstabenmalen (Klasse 2 und 3)*

Übungsblatt	Version A	Version B
Ü85 1	R, A, M, O, N, I, E, L a, n, i, e, l, o, m, u, r	L, M, E, A, N, I, U, R l, a, m, i, r, o, m, u, e
Ü85 2	nun, am, rau, er, lila, für	neu, im, Eule, um, Nina, Öl
Ü85 3	so, Schale, Zaun, Maus, für	es, Frau, Schaum, raus, Eis
Ü85 4	tun, Ofen, aber, oft, Pause	Tag, Made, Auge, nein, mit
Ü85 5	Sonne, Name, essen, rasch, alle	kommen, haben, lesen, Ella, Busch
Ü85 6	Dach, offen, Juni, Ast, Salz	Haus, sollen, Ort, Juli, Gans

Kapitel 5: Phonologische Übungen

In den folgenden Übungen soll die Wahrnehmung für Laute in gesprochener Sprache geschärft werden. Die Kinder üben, Laute zu erkennen, Wörter in Laute zu zerlegen (Phonemanalyse) oder Laute zu Wörtern zusammenzufügen (Phonemsynthese). Die beschriebenen Aufgaben eignen sich als Einstieg in eine entsprechende Trainingsstunde.

5.1 Übungen zur Lauterkennung: Anfangslaute, Mittellaute und Endlaute (Ü86 bis Ü132)

➔ Tabellen A13 bis A15 (Anhang) für Anfangslaute verwenden!

➔ Tabellen A16 bis A18 (Anhang) für Endlaute verwenden!

➔ Tabellen A19 bis A21 (Anhang) für Mittellaute verwenden!

Der Zeitbedarf beträgt pro Übung und Laut ungefähr fünf Minuten.

Es gibt drei verschiedene Lauterkennungsübungen (Laut erkennen/Laut wiedererkennen/Nicht passendes Wort herausfinden). Diese Übungen können für das Heraushören von Anfangslauten, von Endlauten und von Mittellauten durchgeführt werden. Es empfiehlt sich, im Verlauf des Trainings erst alle Lauterkennungsübungen für Anfangslaute, dann für Endlaute und abschließend für Mittellaute durchzuführen.

Laut erkennen (Welchen Laut hört ihr?):
Den Kindern werden verschiedene Wörter vorgesprochen. Sie sollen den Anfangslaut (bzw. Mittellaut oder Endlaut) erkennen.

- Anfangslaut: *Ich nenne euch jetzt verschiedene Wörter und ihr sollt mir sagen, mit welchem Laut diese Wörter anfangen! Mit welchem Laut fängt [Wort einsetzen] an? [Beispiele sind im Anhang in Tabelle A13 abgedruckt.]*

- Endlaut: *Ich nenne euch jetzt verschiedene Wörter und ihr sollt mir sagen, mit welchem Laut diese Wörter aufhören. [Beispiele sind im Anhang in Tabelle A16 abgedruckt.]* Bei Wörtern mit Auslautverhärtung (Ü107) sollte (sofern das Thema schon besprochen wurde) die Auslautverhärtung durch Wortverlängerung überprüft werden. Ansonsten sollten die Wörter ohne Auslautverhärtung verwendet werden.

- Mittellaut: *Ich nenne euch jetzt verschiedene Wörter und ihr sollt mir sagen, welchen Laut diese Wörter in der Mitte haben. [Beispiele sind im Anhang in Tabelle A19 abgedruckt.]*

Laut wiedererkennen (Hört ihr diesen Laut?):
Den Kindern wird ein Laut vorgegeben, den sie dann wiedererkennen sollen. Ihnen werden verschiedene Wörter vorgesprochen. Sie sollen erkennen, ob das Wort mit dem vorgegebenen Laut beginnt (bzw. endet oder es in der Mitte hat).

- Anfangslaut: *Ich nenne euch jetzt einige Wörter und ihr sollt mir sagen, ob sie mit einem [speziellen Laut einsetzen] anfangen. [Beispiele sind im Anhang in Tabelle A13 abgedruckt.]*
- Endlaut: *Ich nenne euch jetzt einige Wörter und ihr sollt mir sagen, ob sie mit einem [speziellen Laut einsetzen] aufhören. [Beispiele sind im Anhang in Tabelle A16 abgedruckt.]* Bei Wörtern mit Auslautverhärtung (Ü107) sollte (sofern das Thema schon besprochen wurde) die Auslautverhärtung durch Wortverlängerung überprüft werden. Ansonsten sollten die Wörter ohne Auslautverhärtung verwendet werden.
- Mittellaut: *Ich nenne euch jetzt einige Wörter und ihr sollt mir sagen, ob darin ein [speziellen Laut einsetzen] vorkommt. [Beispiele sind im Anhang in Tabelle A19 abgedruckt.]*

Nicht passendes Wort herausfinden (Welches Wort passt nicht hinein?):
Den Kindern werden jeweils drei Wörter vorgesprochen, von denen zwei den gleichen Anfangslaut (bzw. Endlaut oder Mittellaut) haben. Eines passt nicht richtig hinein, dieses sollen die Kinder nennen.

- Anfangslaut: *Ich sage euch jetzt immer drei Wörter, zwei davon haben den gleichen Anfangslaut, eines passt nicht richtig hinein, das sollt ihr mir nennen. [Beispiele sind im Anhang in Tabelle A14 abgedruckt.]*
- Endlaut: *Ich sage euch jetzt immer drei Wörter, zwei davon haben den gleichen Endlaut, eines passt nicht richtig hinein, das sollt ihr mir nen-*

nen. [Beispiele sind im Anhang in Tabelle A17 abgedruckt.]

- Mittellaut: *Ich sage euch jetzt immer drei Wörter. Zwei der Wörter haben den gleichen Laut in der Mitte, eines passt nicht richtig hinein, das sollt ihr mir nennen. [Beispiele sind im Anhang in Tabelle A20 abgedruckt.]*

Bei Nasalen und Plosiven werden zum Teil statt echten Wörtern „Quatschwörter" vorgegeben. Entsprechend sollte die Instruktion ergänzt werden. *(Die Wörter, die ich euch sage, gibt es eigentlich gar nicht, das sind richtige Quatschwörter, so wie bei einer Geheimsprache.)*

Nachdem für einen Lauttyp (z.B. für den Anfangslaut) alle drei Aufgabentypen zur Lauterkennung mit den Kindern geübt wurden und sie dementsprechend mit den Aufgaben vertraut sind, erfolgt zum Schluss eine Gesamtwiederholung. Dabei werden die oben dargestellten Übungen „**Laut erkennen**" und „**Nicht passendes Wort finden**" als Mannschaftsspiele durchgeführt (entweder direkt nacheinander oder in getrennten Übungsstunden). Dafür sollen die Kinder jeweils Mannschaften bilden. Die Lehrerin spricht die Übungswörter vor und nennt dann immer ein Kind aus einer Mannschaft, das die Antwort sagen soll. Für jede richtige Antwort gibt es einen Punkt. Die Mannschaft mit den meisten Punkten hat gewonnen. Es empfiehlt sich, die Punkte an der Tafel aufzuzählen, damit sie gut sichtbar sind. Im Anhang finden sich für das Mannschaftsspiel Tabellen mit Übungswörtern (Anfangslaute Tabelle A15, Endlaute Tabelle A18, Mittellaute Tabelle A21).

Wir machen jetzt ein Spiel, das wir vor ein paar Stunden schon einmal gespielt haben. Vielleicht erinnert ihr euch ja daran. Ich nenne euch jetzt verschiedene Wörter und ihr sollt mir sagen, mit welchem Laut diese Wörter anfangen. Ich werde immer jemanden aus einer Mannschaft nennen, der die Antwort sagen soll. Die Mannschaft, welche die meisten Punkte hat, erhält wieder zwei Stempel, die andere einen Stempel. Also, mit welchem Laut beginnt das Wort ...

5.2 Sätze erfinden: Anfangslaute (Ü133)

Die folgende Übung ist bereits für die Klasse 1 geeignet. Sie dient der Übung von Anfangslauten.

Durchführung: Die Kinder sollen sich in 2er- oder 3er-Gruppen zusammenfinden (z.B. können immer die Banknachbarn zusammenarbeiten). Es werden vier verschiedene Laute vorgegeben: /l/, /r/, /m/, /n/. Die Kinder sollen für jeden Laut einen Satz erfinden, bei dem alle Wörter mit dem gleichen Laut beginnen. Ein Beispiel: Lama Lukas lacht laut los. Um Zeit zu sparen, können die verschiedenen Laute auch auf die Gruppen aufgeteilt werden. Wenn die Kinder sich ihre Sätze ausgedacht haben, sagt jede Gruppe ihren Satz. Danach wiederholen alle gemeinsam den Satz. (Wenn zuvor bereits Schwungübungen (Kapitel 5.6) eingeführt wurden, sollen die Kinder zu jedem Wort Schwünge machen.)

Jetzt spielen wir ein Spiel, bei dem ihr einen lustigen Satz erfinden sollt. Alle Wörter in diesem Satz sollen aber mit dem gleichen Buchstaben anfangen! Ein Beispiel: Lama Lukas lacht laut los. Ihr könnt euch den Satz zusammen mit eurem Banknachbarn ausdenken. ... [Nachdem die Kinder fertig sind, sagt jede Gruppe ihren Satz.] Jetzt wiederholen wir alle gemeinsam den Satz (und machen zu jedem Wort die Schwünge).

5.3 Inselspiel (Ü134 bis Ü180)

➔ Tabelle A22 (Anhang) für Anfangslaute verwenden!

➔ Tabelle A23 (Anhang) für End- und Mittellaute verwenden!

➔ Tabelle A24 (Anhang) für Wortendungen verwenden!

Der Zeitbedarf beträgt pro Übung ungefähr fünf Minuten.

Durchführung: Die Lehrerin spricht einen Laut vor. Die Kinder sollen dann Dinge nennen, in denen der gesuchte Laut vorkommt. Wer eine richtige Antwort gegeben hat, darf nach vorn zur Lehrerin kommen. Die Übung kann für Anfangslaute, Mittel- und Endlaute sowie für Substantivendungen durchgeführt werden.

Wir spielen jetzt das „Inselspiel". Ich fahre auf eine Insel und will verschiedene Dinge mitnehmen, in denen ein bestimmter Laut vorkommen muss. Ihr sollt dann solche Dinge mit dem gesuchten Laut nennen. Wer eine richtige Antwort gegeben hat, darf zu mir nach vorn kommen. Verstanden? Also: Ich fahre auf eine Insel und nehme alle Dinge mit, die mit [Laut nennen] anfangen.

Spezielle Instruktionen für die verschiedenen Lauttypen:

1. Anfangslaute: *Ich fahre auf eine Insel und nehme alle Dinge mit, die mit [Laut nennen] anfangen.*
2. Mittel- und Endlaute: *Ich fahre auf eine Insel und nehme alle Dinge mit, die ein [Laut nennen] in der Mitte (oder am Ende) im Namen haben.*
3. Substantivendungen: *Ich fahre auf eine Insel und nehme alle Dinge mit, die ein [Wortendung nennen] am Ende im Namen haben.*

5.4 Übungen zur Phonemsynthese und -analyse (Ü181 bis 201)

Ü181 bis Ü191 Laute zusammensetzen ohne Schreibübung (Phonemsynthese)

➔ Tabelle A25 (Anhang) verwenden!

Der Zeitbedarf beträgt pro Übung ungefähr fünf Minuten.

Durchführung: Den Kindern werden verschiedene Laute vorgesprochen. Diese sollen sie zu einem Wort zusammenziehen.

Wir machen jetzt ein neues Spiel. Ich sage euch jetzt verschiedene Laute. Die sollt ihr zu einem Wort zusammenziehen und dann das richtige Wort sagen. Wir probieren das an einem Beispiel: /s/-/o/ ergibt?: „so". Richtig! Gut, dann versuchen wir das mit anderen Lauten. [Laute aus Tabelle A25 vorgeben.]

Ü192 Laute zusammensetzen mit Schreibübung (Phonemsynthese)

➔ Tabelle A26 (Anhang) verwenden!

Der Zeitbedarf beträgt pro Übung ungefähr fünf Minuten. Es wird das Schreibheft und ein Stift benötigt.

Durchführung: Den Kindern werden einzelne Laute diktiert. Sie sollen die Laute einzeln aufschreiben, im Ergebnis ergibt sich daraus ein Wort. Als Hilfestellung können die Kinder die Laute auch nachsprechen. Zum Schluss sollen die Kinder das gesamte aufgeschriebene Wort auch noch einmal lesen.

Wir machen jetzt eine Schreibübung. Nehmt bitte euer Heft und einen Stift hervor. Ich diktiere euch jetzt einzelne Laute und ihr sollt die Buchstaben dazu hintereinander aufschreiben. Ihr könnt die Laute auch jedes Mal nachsprechen. Wenn ihr alles richtig gemacht habt, ergeben die Buchstaben hintereinander gelesen ein Wort. Wollen wir das mal versuchen? [Laute aus Tabelle A26 diktieren.]

Ü193 bis Ü201 Wörter in Laute zerlegen (Phonemanalyse)

➔ Tabelle A27 (Anhang) verwenden!

Der Zeitbedarf beträgt pro Übung ungefähr fünf Minuten.

Durchführung: Den Kindern werden einzelne Wörter vorgesprochen. Sie sollen im Anschluss sagen, aus welchen Lauten die Wörter bestehen.

Wir machen jetzt ein neues Spiel. [alternativ: „Wir drehen das Spiel jetzt um", falls das Spiel im Anschluss an die Phonemsynthese durchgeführt wird.] Ich sage euch jetzt verschiedene Wörter. Ihr sollt mir sagen, aus welchen Lauten diese Wörter bestehen. Wir probieren das an einem Beispiel: Welche Laute kommen denn im Wörtchen „bei" vor? Richtig, /b/-/ei/! Gut, dann versuchen wir das mit anderen Wörtern. [Wörter aus Tabelle A27 diktieren.]

5.5 Phonem- und Wortumkehraufgaben (Ü202 bis Ü223)

Der Zeitbedarf beträgt pro Übung ungefähr fünf Minuten.

Ü202 bis Ü206 Phonemumkehr (Mannschaftsspiel)

➔ Tabelle A28 (Anhang) verwenden!

Durchführung: Die Kinder werden in zwei Mannschaften eingeteilt. Es werden ihnen dann sinnfreie Wörter („Quatschwörter") vorgesprochen. Die Kinder sollen die ersten beiden Laute des Quatschwortes selektieren, in der Reihenfolge vertauschen und dann mit dem restlichen Wort wiedergeben. Die Mannschaft, die das Wort zuerst herausgefunden hat, bekommt einen Punkt. Die Punkte werden an die Tafel geschrieben.

Jetzt machen wir ein Spiel, bei dem ihr gut zuhören müsst. Wir bilden erst einmal zwei Mannschaften (Mannschaften bilden lassen). Gut, ich sage euch jetzt ein paar Quatschwörter. Ihr müsst die ersten beiden Laute in diesen Wörtern in der Reihenfolge umdrehen, den Rest aber so lassen. Wenn ihr die veränderten Wörter dann aussprecht, kommen richtige Wörter heraus. Die Mannschaft, die das Wort zuerst herausgefunden hat, bekommt einen Punkt. Habt ihr das verstanden? Wir versuchen das mal an einem Beispiel. Das erste Quatschwort heißt: „atge". Wenn ihr jetzt die erste beiden Laute vertauscht, ergibt sich welches Wort? Richtig: „Tage". So sollt ihr das jetzt auch bei den übrigen Quatschwörtern machen. [Wörter aus Tabelle A28 diktieren.]

Ü207 bis Ü223 Wortumkehr mit Schreibübung

➔ Tabelle A29 (Anhang) verwenden!

Es wird ein Schreibheft benötigt.

Durchführung: Den Kindern werden sinnfreie Wörter (Quatschwörter) vorgesprochen. Es handelt sich dabei um Umkehrungen echter Wörter. Die Kinder sollen die Quatschwörter in umgekehrter Laut-Reihenfolge wiedergeben (laut aussprechen) und dann aufschreiben.

Wir machen jetzt ein neues Spiel. Ich sage euch kurze Quatschwörter, die gibt es eigentlich gar nicht, die habe ich mir ausgedacht. Ihr sollt diese Wörter rückwärts sprechen und dann aufschreiben. Wenn ihr die Wörter richtig umgedreht habt, werden aus den Quatschwörtern richtige Wörter, die ihr kennt. Wir machen das mal an einem Beispiel. Ich sage euch jetzt ein Wort verkehrt herum: „os". Wie heißt das Wort wohl richtig? Genau, das Wort heißt „so". Schreibt es jetzt in euer Heft. Jetzt versuchen wir das mal mit anderen Wörtern. [Wörter aus Tabelle A29 diktieren.]

5.6 Silbenschwingen (Bewegungsspiel) (Ü224)

➔ Tabelle A30 (Anhang) verwenden!

Der Zeitbedarf beträgt pro Übung ungefähr fünf Minuten.

Durchführung: Bei vorgesprochenen Wörtern soll die Anzahl der Silben erkannt und durch unterstützende Bewegungen (Schwingen mit den Armen) verdeutlicht werden. Pro Silbe wird einmal mit dem Arm nach vorn (oder nach hinten) geschwungen. Das Silbenschwingen wird zuerst an einem zweisilbigen Wort (Auto), dann an einem dreisilbigen Wort (Januar) und einem einsilbigen Wort (Hut) eingeübt. Danach werden weitere Wörter vorgesprochen (abwechselnd ein Wort mit einer und dann mit zwei bzw. mehreren Silben). Die Kinder sollen versuchen, die Anzahl der Silben herauszuhören und dabei zu jedem Wort Armschwünge zu machen.

Wir können längere Wörter in Silben unterteilen. Es gibt Wörter, die bestehen aus zwei Silben, z.B. das Wort „Auto", das kann man so unterteilen: „Au-to". Sagt alle einmal „Auto", gut, und jetzt „Au-to". Merkt ihr den Unterschied? Man kann das Wort in zwei Hälften teilen, in „au" und „to". Das Wort besteht also aus zwei Silben: „au" und „to". Wir können diese Silben durch Schwingen auch sichtbar machen [vormachen]. Dann gibt es auch noch längere Wörter, die bestehen z.B. aus drei Silben, wie das Wort „Januar". Die drei Silben lauten: „ja", „nu", „ar". Die drei Silben können wir auch durch Schwingen sichtbar machen. Sagt alle erst einmal „Januar". Und nun schwingen wir wieder mit den Armen und sagen „Ja-nu-ar". Es gibt aber auch ganz kurze Wörter, die bestehen nur aus einer Silbe, z.B. das Wort „Hut". Sagt alle einmal „Hut". Merkt ihr, das ist ein ganz kurzes Wort, es besteht nur aus einer Silbe. Nun versuchen wir an weiteren Wörtern zu erkennen, ob sie eine oder mehr Silben haben und versuchen zu jedem Wort die Schwünge. [Wörter aus Tabelle A30 diktieren.]

5.7 Übungen zum Erkennen der Vokallänge (Ü225 bis Ü230)

Ü225 Einführende Vergleichsübung

➔ Tabelle A31 (Anhang) verwenden!

Der Zeitbedarf beträgt pro Übung ungefähr fünf Minuten.

Durchführung: Den Kindern werden jeweils zwei Wörter vorgesprochen, die denselben Vokal (z.B. /o/) beinhalten, welcher jedoch einmal lang (z.B. Ofen) und einmal kurz (z.B. offen) ausgesprochen wird. Die Kinder sollen herausfinden, wodurch sich die beiden vorgesprochenen Wörter unterscheiden. Sie sollen dabei besonders auf den Vokal achten.

Ich sage euch jetzt immer zwei Wörter, die sich ähnlich anhören. Trotzdem gibt es einen Unterschied: Den sollt ihr herausfinden und mir sagen. Also hört gut zu: „Ofen – offen". Achtet auf das /o/. Hört sich das bei den beiden Wörtern unterschiedlich an? Genau, im Wort „Ofen" wird das /o/ lang gesprochen – Oooofen – wie bei einem lang auseinander gezogenen Gummiband. Und im Wort „offen" wird das /o/ viel kürzer gesprochen. Wir sagen alle nochmals „Ofen" und „offen". Merkt ihr den Unterschied? Wir wollen das noch mit ein paar anderen Wörtern üben.

Im Anschluss sollen die Kinder bei weiteren Wortpaaren (siehe Tabelle A31) die unterschiedliche Vokallänge eines jeweils vorgegebenen Vokals heraushören. Die Aufgabe lautet jedes Mal: *Achtet bitte auf das [Laut einsetzen]. Hört sich das bei den beiden Wörtern unterschiedlich an?*

Ü226 bis Ü230 Wörter mit langem Vokal erkennen

➔ Tabelle A32 (Anhang) verwenden!

Der Zeitbedarf beträgt pro Übung ungefähr fünf bis zehn Minuten.

Durchführung: Den Kindern werden jeweils drei Wörter vorgesprochen – entweder echte Wörter (z.B. „Lupe", „Hupe", „Mutter") oder Quatschwörter. Sie sollen dabei immer auf einen vorgegebenen Vokal achten (z.B. /u/). Bei zwei Wörtern ist dieser Vokal immer lang, bei einem aber kurz (oder umgekehrt). Die Kinder sollen das Wort mit dem kurzen (bzw. langen) Vokal nennen.

Instruktion für Übung mit echten Wörtern: *Ich sage euch jetzt immer drei Wörter und den Laut, auf den ihr achten sollt. Bei zwei Wörtern ist dieser Laut immer lang, bei einem aber kurz, das sollt ihr mir nennen [alternativ: Bei zwei Wörtern ist dieser Laut immer kurz, bei einem aber lang, das sollt ihr mir nennen.] [Wörter aus Tabelle A32 diktieren.]*

Instruktion für Quatschwörter: *Wir wollen jetzt erst einmal üben, lange oder kurze Vokale zu erkennen. Ich sage euch jetzt immer drei Wörter. Das sind alles Quatschwörter, die gibt es eigentlich gar nicht, die habe ich mir ausgedacht. Bei zwei Wörtern ist dieser Laut immer lang, bei einem aber kurz, das sollt ihr mir nennen [alternativ: Bei zwei Wörtern ist dieser Laut immer kurz, bei einem aber lang, das sollt ihr mir nennen.] [Wörter aus Tabelle A32 diktieren.]*

Nach der ersten Übung (gegebenenfalls auch bei nachfolgenden Übungen, falls die Kinder Schwierigkeiten haben) kann den Kindern ein „Trick" erklärt werden, woran sie die Länge von Vokalen besser erkennen können, nämlich durch das Unterteilen in Silben oder durch lautes Rufen des betreffenden Wortes. Die Kinder sollen jeweils die drei Wörter der gerade durchgeführten Übung rufen (z.B. Lupe, Hupe und Mutter). Diese Hilfestellung kann auch bei Diktaten angewendet werden. Zwar können die Kinder dort nicht laut rufen, aber sie können während Diktaten das Wort zumindest ganz leise vor sich hin flüstern.

Es gibt noch einen Trick, wie ihr kurze und lange Vokale erkennen könnt. Wenn ihr nämlich das Wort in Silben unterteilt oder wenn ihr das Wort ruft, dann könnt ihr viel besser hören, ob der Selbstlaut lang oder kurz gesprochen wird. Wir rufen alle einmal „Lupe". [Alle rufen lassen.] Hört ihr das lange /u/? Und jetzt rufen wir einmal „Hupe". Hört ihr wieder das lange /u/? Und jetzt rufen wir alle „Mutter"! Hier ist das /u/ viel kürzer. [Alle obigen Wörter rufen lassen!] Jetzt haben wir also alle Wörter gerufen. Aber wenn ihr im Unterricht ein Diktat schreiben müsst, könnt ihr das nicht machen, weil ihr dann die anderen stört. Aber ihr könnt die Wörter leise vor euch hin flüstern, wir versuchen es mal wieder mit der „Lupe".

Kapitel 6: Phonologische Schreibspiele

6.1 Schlangenspiel (Ü231 bis Ü260)

➔ Tabellen A33 und A34 (Anhang) verwenden!

Der Zeitbedarf beträgt pro Übung ungefähr zehn bis fünfzehn Minuten. Es werden die Tafel und das Schreibheft benötigt.

Durchführung: Die Lehrerin ruft den Kindern ein Wort zu. Die Kinder haben die Aufgabe, in diesem Wort einen Buchstaben durch einen anderen zu ersetzen und zu erraten, welches neue Wort dadurch entsteht. Die Lehrerin ruft den Kindern zu, welcher Buchstabe in dem Wort geändert werden soll und welcher neue Buchstabe stattdessen eingesetzt werden soll. Wenn die Kinder das Wort erraten haben, soll anschließend in dem nun neu gebildeten Wort erneut ein Buchstabe ausgetauscht werden. Wieder ruft die Lehrerin den Kindern zu, welcher Buchstabe durch welchen anderen ersetzt werden soll. Das Spiel wird auf die gleiche Weise immer weiter fortgesetzt, sodass im Ergebnis eine „Wortschlange" entsteht. Während des Spiels kann jedes Mal, wenn ein Wort erraten wurde, dieses von einem Kind an die Tafel geschrieben werden.

Jetzt spielen wir ein Spiel, bei dem ich euch ein Wort sage, z.B. „wo". Mit welchem Laut endet denn „wo"? Genau, mit einem /o/. Dann rufe ich jemanden auf und sage ihm, welchen Laut er in dem Wort ändern soll, z.B. soll das /o/ in „wo" zum /u/ werden. Wie heißt das Wort dann? Es heißt „wu". Dann rufe ich den nächsten auf und sage wieder, welcher Laut verändert werden soll, z.B. soll nun das /u/ zum /e/ werden, also heißt das Wort dann? (Antwort: „we") So geht das dann immer weiter, bis jeder mal dran war, deshalb heißt das Spiel auch Schlangenspiel. (Wortschlangen aus Tabelle A33 und Tabelle A34 diktieren.)

Das Spiel kann mit echten Wörtern oder Pseudowörtern („Quatschwörtern") durchgeführt werden. Eine Wortschlange mit echten Wörtern kann beispielsweise so aussehen: „nun → (*u* zu *ei*) → nein → (*n* zu *m*) → mein → (*m* weglassen) → ein → (*ei* zu *i*) → in → (*i* zu *u* und *n* zu *m*) → um → (*u* zu *a*) → am". Eine Wortschlange mit Pseudowörtern kann beispielsweise so aussehen: „wo → (*o* zu *u*) → wu → (*u* zu *e*) → we → (*e* zu *i*) → wi".

Hier wird deutlich, dass es vorkommen kann, dass:

- einzelne Laute verändert werden (nun → (*u* zu *ei*) → nein)
- Laute hinzugefügt werden (ein → (*m* davor setzen) → mein) oder auch (ein → (*er* anhängen) → einer)
- Laute entfernt werden (mein → (*m* weglassen) → ein) oder auch (meiner → (*er* weglassen) → mein)
- mehrere Schritte gleichzeitig vollzogen werden (ein → (*m* davor setzen und *e* anhängen) → meine)

Das Spiel kann variiert werden. Es kann z.B. durch eine Schreibübung ergänzt werden. (Es empfiehlt sich allerdings, bei der ersten Durchführung das Spiel ohne Schreibübung zu verwenden.) Bei der Schreibübung schreiben die Kinder entweder im Anschluss an das (mündlich durchgeführte) „Schlangenspiel" die entstandene Wortschlange (die an der Tafel steht) in ihrem Schreibheft auf und unterstreichen jeweils den Buchstaben, der sich geändert hat, oder sie schreiben die Wörter sofort mit. Eine weitere Variationsmöglichkeit besteht darin, dass die Kinder bei dem Spiel an ihrem Platz sitzen bleiben oder sich im Kreis aufstellen. Die Lehrerin kann jeweils ein Kind bestimmen (z.B. indem sie ihm einen Ball zuwirft), welches die Antwort geben soll oder die Kinder wählen sich selbst aus (z.B. indem sie sich gegenseitig den Ball zuwerfen). Hier ein Beispiel für eine Instruktion am Ende des Spiels (falls Wörter an die Tafel geschrieben wurden): *Jetzt setzt euch bitte an eure Plätze und schreibt die Wörterschlangen von der Tafel ab und unterstreicht die Stellen, die sich verändert haben. Wer will, kann später auch eine Schlange dazumalen.*

Wenn eine Wörterschlange abgearbeitet ist, kann mit der nächsten weitergemacht werden, es können mehrere Schlangenspiele nacheinander gespielt werden. Es stehen Wortreihen zu verschiedenen Themen zur Verfügung: z.B. Vokale unterscheiden, Konsonantendopplung, Auslautverhärtung (siehe Tabellen A33 und A34 im Anhang). Im Falle des Schlangenspiels zur Vor- und Nachsilbenerkennung sollen nicht nur einzelne Laute, sondern ganze Silben ausgetauscht, hinzugefügt oder weggelassen werden. Das Schlangenspiel kann im Verlauf des Trainings mehrfach für verschiedene Themen durchgeführt werden.

6.2 Hamsterspiel (Ü261 bis Ü286)

➔ Tabellen A35 bis A37 (Anhang) verwenden!

➔ Arbeitsblätter Ü261 bis Ü286

➔ Folien Ü261 bis Ü286

Der Zeitbedarf beträgt pro Übung ungefähr fünfzehn Minuten. Für jedes Hamsterspiel wird je ein Arbeitsblatt und eine Folie (mit der Aufgabenlösung) benötigt (siehe beiliegende CD-ROM). Einige Hamsterübungen sind nur für bestimmte Klassenstufen geeignet (z.B. nur für die dritte Klasse). Dies ist in den Tabellen A35 bis A37 jeweils vermerkt.

Durchführung: Jedem Kind wird ein Arbeitsblatt für das Hamsterspiel ausgehändigt. Auf jedem Blatt befindet sich eine Liste mit 15 Wörtern. Bei jedem Wort fehlt jeweils ein Buchstabe bzw. eine Buchstabenkombination. Die Kinder sollen – im Gespräch mit der Lehrerin – bei jedem Wort den fehlenden Buchstaben bzw. die fehlende Buchstabenkombination erraten. Dabei stehen immer zwei (bzw. bei einigen Übungen auch drei oder vier) Buchstaben zur Auswahl. Die Kinder sollen entscheiden, welcher der vorgegebenen Buchstaben in die Lücke gehört. Nachdem die Kinder den Buchstaben erraten haben, sollen sie den richtig erratenen Buchstaben in die Lücke schreiben. Auf jedem Arbeitsblatt ist ein Hamsterkind abgebildet. In dem Bild gibt es neben einigen durchgezogenen auch insgesamt 15 gestrichelte Linien (siehe Abbildung 10). Für jeden richtig erratenen Buchstaben können die Kinder eine gestrichelte Linie nachzeichnen. Werden alle Buchstaben erraten, kann der Hamster vollständig gezeichnet werden. Zur Lösungskontrolle steht für jede Hamsterübung auch eine Folie zur Verfügung (siehe Abbildung 11).

Wir machen jetzt das Hamsterspiel. Auf dem Blatt, das ich euch ausgeteilt habe, lacht euch ein Hamster an. Auf dem Blatt seht ihr immer ein Wort, bei dem ein Buchstabe fehlt. An dieser Stelle ist ein langer Strich. Ihr sollt mir immer sagen, ob dort ein [Buchstabe 1] oder ein [Buchstabe 2] hinein muss. [Buchstaben an die Tafel schreiben.] Wir machen ein Beispiel: [Beispielwort nennen]. Kommt da jetzt ein [Buchstabe 1] oder ein [Buchstabe 2] hinein? Ihr müsst 15 Wörter erraten. Wenn ihr eine richtige Antwort gebt, könnt ihr einen Strich nachzeichnen, um den Hamster zu malen. Wenn ihr alles richtig löst, bekommt ihr auch den Hamster fertig. [Richtig erratene Laute immer gleich auf dem Arbeitsblatt eintragen lassen.] Zur Lösungskontrolle entsprechende Folie auflegen.

Das Hamsterspiel kann im Verlauf des Trainings mehrfach für verschiedene Buchstabenkombinationen durchgeführt werden. Der genaue Ablauf der Hams-

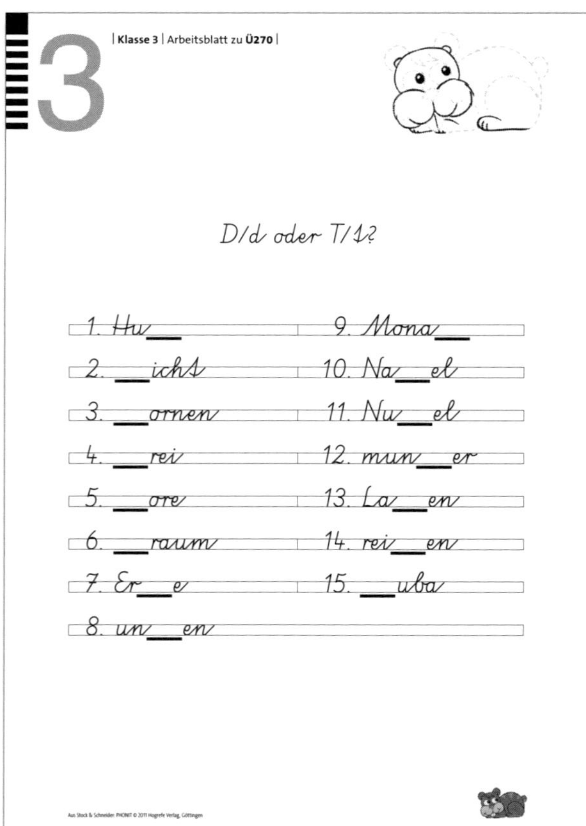

Abbildung 10: *Arbeitsblatt zur Hamsterübung Ü270 für Klasse 3*

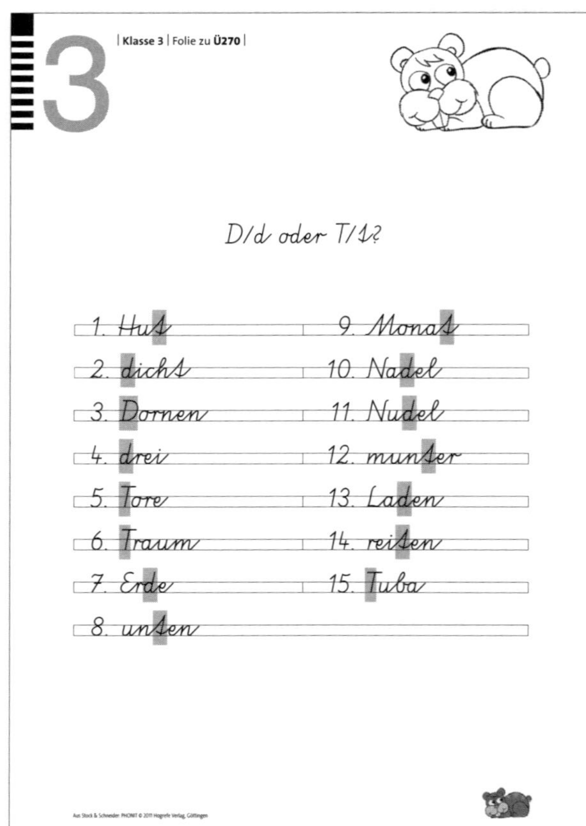

Abbildung 11: *Folie zur Hamsterübung Ü270 für Klasse 3*

terübungen kann dabei variiert werden. Die Wortliste kann per Overheadprojektor an die Wand projiziert werden (in diesem Fall muss ein Arbeitsblatt auf eine Folie gedruckt werden, da in den Vorlagen für die Folien die Lösungen bereits eingezeichnet sind). Die Lehrerin kann dann den Hamster nachzeichnen. Die Buchstaben, die zur Auswahl stehen, können an die Tafel geschrieben werden. Die Kinder können auch im Rahmen eines Wettkampfspieles abwechselnd die Wörter selbst an die Tafel schreiben.

Kapitel 7: Einführung von Rechtschreibregeln mit anschließenden Schreibübungen

Die im Folgenden dargestellten Schreibübungen sollen dazu dienen, die erlernten phonologischen Kenntnisse auf die Rechtschreibung zu übertragen. Die Übungen sind im vorderen Teil dieses Kapitels nach Themenschwerpunkten (Rechtschreibregeln) geordnet, sodass punktuell nach Fehlerbereichen die benötigten Aufgaben herausgesucht werden können. Im hinteren Teil finden sich dann noch einige bereichsübergreifende Übungen.

Bei der Anwendung der Rechtschreibübungen sollte darauf geachtet werden, dass eine Übungseinheit nicht nur aus verschiedenen Schreibübungen besteht, sondern diese in phonologische Übungen eingebettet werden, damit einerseits der Bezug zwischen phonologischer Bewusstheit und Orthografie für die Kinder erfassbar wird und zum anderen ihre Motivation erhalten bleibt. Anregungen für die Kombination zwischen phonologischen und Rechtschreibübungen finden sich im Kapitel 9.

Es sei an dieser Stelle noch einmal darauf hingewiesen, dass die in diesem Manual vorgegebenen Formulierungen, die auch im Rahmen der Evaluierung des Trainingsprogramms verwendet wurden, als Vorschlag zu werten sind. Ähnliche, leicht abgewandelte Formulierungen sind natürlich auch möglich. Wichtig ist nur, dass die trainierten Kinder den zu übermittelnden Inhalt verstehen und später anwenden können.

Kasten 2: *Rechtschreibregeln einführen mit anschließender Schreibübung (Durchführung)*

1. Die Lehrerin erarbeitet im Gespräch mit den Kindern die zu erlernende orthografische Regel.
2. Im Anschluss schreiben die Kinder als Schreibübung einige Wörter in ihr Heft, auf welche die Rechtschreibregel anzuwenden ist. Die Lehrerin spricht die Wörter vor.
3. In der nächsten Trainingsstunde wird das Gelernte noch einmal aufgriffen. Die Lehrerin wiederholt gemeinsam mit den Kindern die Regel. Die in der letzten Übungsstunde aufgeschriebenen Wörter werden dabei gemeinsam mit den Kindern gelesen. Natürlich können auch weitere neue Wörter mit den Kindern gelesen werden, für die ebenfalls die zu übende Rechtschreibregel gilt.
4. Anschließend schreiben die Kinder einige neue Übungswörter in ihr Heft.

Alle in diesem Kapitel dargestellten Übungen werden in ähnlicher Weise durchgeführt (siehe Kasten 2).

7.1 Konsonantendopplung (Ü287 bis Ü292)

Ziel der nachfolgenden Übungseinheiten ist es, Wörter mit Konsonantendopplung schreiben zu lernen. Die Kinder sollen die Dopplungsregel erlernen und ihre Anwendung in verschiedenen Konstellationen üben und vertiefen: die Kinder lernen, das Wortstammprinzip auf Wörter mit Konsonantendopplung anzuwenden (Vertiefende Wortstammübungen). Sie lernen weiterhin, wie sie am Wortende eine Konsonantendopplung erkennen können und wie die Dopplungsregel bei Wörtern mit K und Z umgesetzt wird (<ck>- und <tz>-Schreibung). Es empfiehlt sich, diese Übungen mit Aufgaben zum Erkennen der Vokallänge (Kapitel 5.7) zu kombinieren.

Der Zeitbedarf beträgt pro Übung ungefähr zehn bis fünfzehn Minuten. Für alle Übungen stehen Arbeitsblätter sowie Folien für die Lösungskontrolle zur Verfügung (siehe Abbildung 12). Es werden darüber hinaus eine Tafel und ein Overheadprojektor benötigt.

Ü287 Dopplungsregel einführen

➔ Tabelle A38 (Zeile Ü287) verwenden!

➔ Arbeitsblatt „Ü287 und Ü288" verwenden!

➔ Folie Ü287 verwenden!

Orthografische Regel: Nach einem kurz gesprochenen Selbstlaut werden meistens zwei Mitlaute geschrieben. Dies können zwei verschiedene Mitlaute sein (z.B. l und t bei „alt"). Wenn nur ein Mitlaut zu hören ist, wird der entsprechende Laut verdoppelt.

Abbildung 12: *Beispielfolie zum Üben der Konsonantendopplung (Ü287 für Klasse 2, Seite 2)*

Diese Übung ist für die Klassenstufe 2 und 3 geeignet.

Durchführung:

- Einführung der Rechtschreibregel:
  - *Jetzt wollen wir uns einmal anschauen, wie wir Wörter schreiben, in denen ein kurz gesprochener Selbstlaut vorkommt. Hier gibt es eine Besonderheit, die ihr euch gut merken müsst! Nach einem kurz gesprochenen Selbstlaut schreiben wir immer zwei Mitlaute! In manchen Wörtern hören wir diese zwei Mitlaute, wie in dem Wort „alt". Wir schreiben nach dem <a> erst ein <l> und gleich dahinter ein <t>:<alt>. Es gibt noch weitere Beispiele, wo nach einem kurzen Selbstlaut zwei Mitlaute kommen: „danke", „Anke", „singen", „Berg", „Lampe" ... [Gemeinsam mit den Kindern einige passende Wörter finden.] Es gibt aber auch Wörter, in denen wir den Selbstlaut kurz aussprechen, aber nur* ***einen*** *Mitlaut hören, wie in dem Wort „Matte". Das ist ein Zeichen, dass wir den gleichen Mitlaut zweimal nacheinander schreiben, also doppelt. Welchen Mitlaut hört ihr nach dem kurzen /a/ im Wort „Matte"? Genau, wir hören ein /t/: /mate/. Wenn wir aber das Wort in zwei Silben unterteilen, können wir zweimal das /t/ hören: /mat/-/te/. Wir schreiben also „Matte" mit <M>-<a>-<t>-<t>-<e>. Wenn ihr also nach einem kurzen Selbstlaut nur einen Mitlaut hört, dann teilt das Wort in seine Silben, dann könnt ihr feststellen, ob der Mitlaut zweimal geschrieben werden muss.*
- Schreibübung: Die Lehrerin teilt das Arbeitsblatt Ü287 aus und diktiert verschiedene Wörter mit Doppelkonsonant (siehe Tabelle A38), welche die Kinder aufschreiben sollen. Falls auf den Einsatz des Arbeitsblattes verzichtet werden soll, können die Kinder alternativ die Wörter auch in ihr Schreibheft schreiben. Zur Lösungskontrolle kann die Folie Ü287 verwendet werden.
  - *Schlagt bitte euer Heft auf, wir wollen die Wörter gleich aufschreiben. [Alle Wörter aufschreiben lassen.]*
- Leseübung zur Einführung: Die Lehrerin liest mit den Kindern Wörter mit und ohne Konsonantendopplung und erarbeitet, dass sich an der Konsonantendopplung die Aussprache des Vokals (lang oder kurz) erkennen lässt (Folie Ü287 verwenden).
  - *Wir haben ja gerade gelernt, dass wir nach einem kurz gesprochenen Selbstlaut immer zwei Mitlaute schreiben. Das können zwei gleiche Mitlaute sein, so wie das <tt> in „Matte". Oder das können zwei verschiedene Mitlaute sein, so wie das <lt> in „alt". Dieses Wissen ist auch wichtig, um richtig zu lesen. Wenn wir ein Wort lesen und uns nicht sicher sind, ob ein Selbstlaut nun laaaang oder kurz ausgesprochen wird, können wir schauen, welche Buchstaben hinter dem Selbstlaut stehen. Wenn nach dem Selbstlaut zwei gleiche oder zwei verschiedene Mitlaute direkt hintereinander stehen, sprechen wir den Selbstlaut kurz aus.*

Ü288 Dopplungsregel wiederholen

➔ Tabelle A38 (Zeile Ü288) verwenden!

➔ Arbeitsblatt „Ü287 und Ü288" verwenden!

➔ Folie Ü288 verwenden!

Die Übung ist für die Klassenstufe 2 und 3 geeignet. Sie sollte in der Stunde durchgeführt werden, nachdem die Dopplungsregel eingeführt wurde.

- Wiederholung der Dopplungsregel mit Leseübung: Die Lehrerin wiederholt die Dopplungsregel und liest mit den Kindern gemeinsam noch einmal die Wörter, die in der letzten Stunde geschrieben wurden (je nachdem, was verwendet wurde, lesen die Kinder vom Arbeitsblatt oder im Schreibheft nach, welches bereits für die Übung Ü287 verwendet wurde).
  - *In der letzten Stunde haben wir gelernt, dass es Wörter gibt, in denen wir den Selbstlaut laaaang*

aussprechen, dass es Wörter gibt, in denen wir den Selbstlaut kurz aussprechen, und dass wir nach einem kurz gesprochenen Selbstlaut immer zwei Mitlaute schreiben. Das können zwei gleiche Mitlaute sein, so wie das <tt> in „Matte". Oder das können zwei verschiedene Mitlaute sein, so wie das <lt> in „alt". Schlagt bitte euer Heft auf, dort haben wir bereits viele Wörter mit doppeltem Mitlaut geschrieben. Die wollen wir jetzt noch einmal lesen.

- Schreibübung (Wiederholung): Die Lehrerin diktiert die Wörter aus Tabelle A38 (Zeile Ü288). Die Kinder sollen die neuen Wörter jeweils unter die in der letzten Stunde geschriebenen Wörter schreiben, die denselben Doppelkonsonant haben. Zur Lösungskontrolle wird die Folie Ü288 verwendet.

Ü289 Vertiefende Wortstammübungen zur Konsonantendopplung

➔ Tabelle A38 (Zeile Ü289) verwenden!

➔ Arbeitsblatt Ü289 verwenden!

➔ Folie Ü289 verwenden!

Ziel dieser Übung ist es, das Wortstammprinzip auf Wörter mit Konsonantendopplung anzuwenden. Die Kinder sollen lernen, dass die Schreibung des Wortstammes mit doppeltem Konsonant erhalten bleibt, wenn Vorsilben, Nachsilben sowie Endungen an den Wortstamm angefügt werden oder Zusammensetzungen gebildet werden. Die Übung ist für die Klassenstufen 2 und 3 geeignet.

Durchführung: Im Unterrichtsgespräch wird die Anwendung des Wortstammprinzips auf Wörter mit Doppelkonsonant erläutert. Danach Arbeitsblatt Ü289 austeilen (alternativ ins Schreibheft schreiben lassen) und die Wörter aus Tabelle A38 (Zeile Ü289) diktieren. Wörter mit gleichem Wortstamm sollen jeweils hintereinander geschrieben werden. Wichtig ist, auch Wörter ohne Konsonantendopplung zu behandeln. Zur Lösungskontrolle Folie Ü289 verwenden.

Schreibt bitte das Wort „kommen". [Alle Kinder schreiben und bei Problemen lautieren oder buchstabieren lassen.] Wie wird denn dann das Wort „ankommen" geschrieben? Sagt alle erst einmal ganz deutlich „ankommen". Gut, und jetzt unterteilt das Wort in Silben: „an-kom-men". Wer kann mir jetzt das Wort buchstabieren? Worin unterscheiden sich die Wörter „kommen" und „ankommen"? [Bei richtiger Antwort bestätigen, bei falscher Antwort Fehler diskutieren.]

Ü290 Konsonantendopplung am Wortende

➔ Tabelle A38 (Zeile Ü290) verwenden!

➔ Arbeitsblatt Ü290 verwenden!

➔ Folie Ü290 verwenden!

Ziel der Übung ist es, dass die Kinder lernen, dass sie durch Wortverlängerung herausfinden können, ob ein Wort am Wortende mit einem Doppelkonsonant geschrieben wird oder nicht. Die Aufgabe kann ab der dritten Klasse durchgeführt werden.

Durchführung:

- Einführung der Regel:
  - *Wie würdet ihr das Wort „schnell" schreiben? Welche Laute hört ihr? [Laute nennen lassen.] Und wie schreibt man das dann? [Ein Kind an die Tafel schreiben lassen, wahrscheinlich wird <schnel> geschrieben.] Gut, das sind die Laute, die du hörst. Jetzt schreibe einmal das Wort „schneller". Zerlege es dabei in seine Silben und dann in die einzelnen Laute, so wie wir es gelernt haben. [Kind an die Tafel schreiben lassen, bei Problemen sollen die anderen Kinder helfen.] Gut, „schneller" schreibst du also mit <ll>, das ist richtig. Wenn du aber „schneller" mit <ll> schreibst, musst du das auch bei „schnell" tun, denn beide Wörter gehören zusammen. Also, was musst du am Wort „schnel" noch ändern? Richtig, ein <l> anhängen. Dann mach das jetzt bitte. [Kind loben!] Das heißt, wenn ein Mitlaut mitten im Wort doppelt vorkommt, ist es recht einfach, ihn zu erkennen, denn das können wir ja hören. Zum einen, weil der Mitlaut nach einem kurzen Selbstlaut im Wort steht: Das /e/ in „schneller" wird nur kurz gesprochen. Und zum anderen, indem wir das Wort langsam und silbenweise sprechen, so wie wir das gerade bei „schneller" gemacht haben. Am Wortende können wir aber nicht hören, ob ein Mitlaut doppelt vorkommt. Hier können wir nur versuchen, das Wort zu verlängern, so wie wir das eben gemacht haben. Dann können wir auch hören, ob der Mitlaut doppelt vorkommt.*

- Schreibübung (Einführung): Arbeitsblatt Ü290 austeilen (alternativ ins Schreibheft schreiben lassen) und die Wörter aus Tabelle A38 (Zeile Ü290) diktieren. Zur Lösungskontrolle Folie Ü290 verwenden.

In der nächsten Stunde sollte eine Wiederholung zur Konsonantendopplung am Wortende durchgeführt werden. Die in der Einführungsübung aufgeschriebenen Wörter sollten noch einmal gelesen werden.

Ü291 bis Ü292 Spezialfälle der Konsonantendopplung <ck> und <tz>

➔ Tabelle A38 (Anhang) verwenden!

➔ Arbeitsblätter Ü291 und Ü292 verwenden!

➔ Folien Ü291 und Ü292 verwenden!

> **Orthografische Regel:** Eine besondere Dopplungsschreibweise gilt für <k> und <z>, wobei die Dopplungsregel in gleicher Weise zur Anwendung kommt: Bei Verdopplung des <k> wird immer <ck> geschrieben. Bei Verdopplung des <z> wird immer <tz> geschrieben.

Die Aufgaben können ab der dritten Klassenstufe durchgeführt werden.

<ck>-Schreibung (**Ü291**)

Durchführung:

- Einführung der Regel:
  - *Welche Laute hört ihr denn in dem Wort „dick"? Genau, erst ein /d/, dann ein kurz gesprochenes /i/ und am Ende ein /k/. Und wie schreiben wir das Wort „dick"? [Ein Kind nach vorn an die Tafel bitten und anschreiben lassen. Wahrscheinlich wird <dik> geschrieben.] Gut, jetzt wollen wir das Wort einmal verlängern. Wie würdest du „dicker" schreiben? [Ebenfalls anschreiben lassen, wahrscheinlich wird <dikker> geschrieben.] Sehr gut, du hast also gehört, dass zwei /k/ vorkommen und deshalb auch zwei <k> geschrieben. Hier gibt es aber eine Besonderheit, die ihr euch alle gut merken müsst! Wir schreiben nie <kk>, sondern immer <ck>. Wir schreiben also nach einem kurz gesprochenen Mitlaut zuerst ein <c> und gleich dahinter ein <k> [das erste <k> in <dikker> auslöschen und ein <c> einfügen.] Gut, und wenn wir „dicker" so schreiben [auf die Tafel weisen], wie schreiben wir dann „dick"? [Kind an der Tafel berichtigen lassen.] Richtig, auch mit <ck>. Schreibt die beiden Wörter jetzt bitte auf das Arbeitsblatt, das ich euch ausgeteilt habe [alternativ in euer Heft].*
- Schreibübung: Arbeitsblatt Ü291 austeilen (alternativ ins Schreibheft schreiben lassen) und die Wörter aus Tabelle A38 (Zeile Ü291) diktieren. Zur Lösungskontrolle Folie Ü291 verwenden.
  - *Wir wollen jetzt ein paar Wörter schreiben und schauen, ob wir sie mit <ck> oder nur mit <k> schreiben.*
- Zusammenfassung:
  - *Wenn ihr euch die Wörter noch einmal genau anseht, könnt ihr noch einen Hinweis entdecken, der euch verrät, ob ihr ein <ck> schreiben müsst oder nicht: Immer wenn genau vor dem <k> noch ein Mitlaut steht, so wie bei „Bank" oder „merken", schreibt ihr kein <ck>. Beim Wort „Paket" steht das <k> zwar alleine, aber dafür ist das <a> in „Paket" auch lang gesprochen und wir haben ja gelernt, dass wir nach langen Selbstlauten nie doppelte Mitlaute schreiben und somit auch nie <ck>. Außerdem schreiben wir nie ein <ck> nach <au>, <ei> und <eu> wie im Wort „Pauke" und am Wortanfang, da schreiben wir auch immer ein einfaches <k>.*

<tz>-Schreibung (**Ü292**)

Durchführung:

- Einführung der Regel:
  - *Es gibt aber noch eine Ausnahme: Wir schreiben auch nie <zz> sondern immer <tz>. Immer, wenn wir nach einem kurzen Selbstlaut ein doppeltes <z> schreiben müssten, zum Beispiel im Wort „Hitze", dann schreiben wir das so: [<tz> an die Tafel anschreiben]. Wir schreiben nur dann ein einfaches <z>, wenn wir vorher einen langen Selbstlaut hören, also z. B. beim Wort „Dezember", nach <au>, <ei> und <eu> wie im Wort „heizen" oder „mauzen", wenn vor dem /z/ noch ein anderer Mitlaut zu hören ist, wie im Wort „Herz", und am Wortanfang, da schreiben wir auch immer ein einfaches <z>.*
- Schreibübung: Arbeitsblatt Ü292 austeilen (alternativ ins Schreibheft schreiben lassen) und die Wörter aus Tabelle A38 diktieren. Zur Lösungskontrolle Folie Ü292 verwenden.
  - *Wir wollen jetzt ein paar Wörter schreiben und schauen, ob wir sie mit <tz> oder nur mit <z> schreiben.*
- Zusammenfassung
  - *Wenn ihr euch die Wörter noch einmal genau anseht, könnt ihr noch einen Hinweis entdecken, der euch verrät, ob ihr ein <tz> schreiben müsst oder nicht: Immer wenn genau vor dem <z> noch ein Mitlaut steht – so wie bei „Herz" oder „Pilz" – schreibt ihr kein <tz>. Beim Wort „dazu" steht das <z> zwar alleine, aber dafür ist das <a> in „dazu" auch lang gesprochen und wir haben ja gelernt, dass wir nach langen Selbstlauten nie doppelte Mitlaute schreiben und somit auch nie <tz>. Diese Regeln sind die gleichen, die wir auch für das <ck> in der letzten Stunde gelernt haben.*

7.2 Dehnungs-h (Ü293 bis Ü298)

Ziel der nachfolgenden Übungseinheiten ist es, Wörter mit Dehnungs-h schreiben zu lernen. Die verschiedenen zum Dehnungs-h gehörenden Regeln werden in insgesamt drei „Einführungseinheiten" vermittelt. In der ersten Einheit wird nur die Grundregel (Dehnungs-h nur vor <r>, <m>, <n>, <l>) behandelt, um eine Überforderung zu vermeiden. Darauf aufbauend werden in weiteren „Einführungseinheiten" die weiteren Regeln (wann wird kein Dehnungs-h geschrieben) vermittelt. Es sollten keinesfalls alle Regeln in einer einzigen Einführungseinheit durchgenommen werden.

Der Zeitbedarf beträgt pro Übung ungefähr zehn bis fünfzehn Minuten. Für alle Übungen stehen Arbeitsblätter sowie Folien für die Lösungskontrolle zur Verfügung (siehe Abbildung 13). Es werden darüber hinaus eine Tafel und ein Overheadprojektor benötigt.

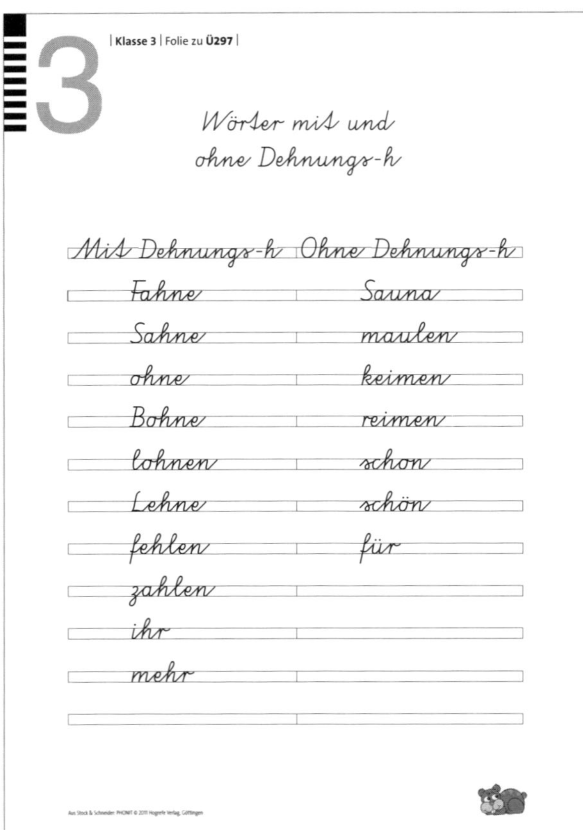

Abbildung 13: *Beispielfolie zum Üben des Dehnungs-h (Ü297 für Klasse 3)*

Orthografische Regel: Das Dehnungs-h steht nur vor <r>, <m>, <n> und <l>, vor allen anderen Mitlauten wird **nie** ein Dehnungs-h geschrieben.

Weitere Regeln (erst besprechen, wenn die Grundregel verstanden wurde):

- Nach <au>, <ei> und <eu> folgt nie ein Dehnungs-h.
- Wenn ein Wort mit <t>, <sch>, <sp>, <kr> anfängt und einen langen Selbstlaut hat, folgt nie ein Dehnungs-h nach dem Selbstlaut.
- Wenn ein Wort mit <qu> anfängt und einen langen Selbstlaut hat, folgt nie ein Dehnungs-h nach dem Selbstlaut.

Ü293 bis Ü297 Regeln zum Dehnungs-h einführen und wiederholen

Die Übungen sind für die Klassenstufe 3 geeignet.

Erste Einführungseinheit (Ü293):
Wörter mit langen Vokalen und Dehnungs-h

➔ Tabelle A39 (Anhang) verwenden!
➔ Arbeitsblatt Ü293 verwenden!
➔ Folie Ü293 verwenden!

Durchführung:

- Einführung der Grundregel (Dehnungs-h vor <r>, <m>, <n>, <l>) und gemeinsames Lesen entsprechender Beispielwörter.
  - *Es gibt auch Wörter, die wir mit <h> schreiben, bei denen wir das /h/ aber nicht hören. Zum Beispiel beim Wörtchen „ihr". [An die Tafel schreiben.] Wir nennen dieses <h> auch Dehnungs-h, denn es steht immer zwischen einem Selbstlaut [auf das <i> zeigen] und einem Mitlaut [auf das <r> zeigen] und zeigt an, dass der Selbstlaut laaaang, also gedehnt gesprochen wird. Ich zeige euch jetzt noch weitere Wörter mit dem Dehnungs-h. [Folie Ü293 auflegen! Dort sind die in Tabelle A39 zusammengefassten Wörter zu lesen. Wörter gemeinsam lesen]. Es gibt eine wichtige Regel: Das Dehnungs-h steht nur vor dem <r>, dem <m>, dem <n> und dem <l>, vor allen anderen Mitlauten schreiben wir nie ein Dehnungs-h. Das müsst ihr euch merken, denn das wird euch beim richtigen Schreiben sehr helfen. (Die Wörter können auch aufgeschrieben werden. Dafür das*

Arbeitsblatt Ü293 austeilen oder ins Schreibheft schreiben lassen.)

Zweite Einführungseinheit (**Ü294**): Wörter mit langen Vokalen ohne Dehnungs-h

➔ Tabelle A39 (Anhang) verwenden!

➔ Arbeitsblatt Ü294 verwenden!

➔ Folie Ü294 verwenden!

Durchführung:

- Einführung der Regel, kein Dehnungs-h nach <au>, <ei> und <eu> und gemeinsames Lesen entsprechender Beispielwörter
  - *Wenn ein langer Vokal vor einem anderen Mitlaut kommt, z. B. vor dem <b>, dann schreiben wir kein Dehnungs-h. [FolieÜ294 auflegen, dort sind die in Tabelle A39 zusammengefassten Wörter zu lesen. Wörter gemeinsam lesen.] Und nach <au>, <ei> und <eu> kommt auch* ***nie*** *ein Dehnungs-h. [Buchstaben an die Tafel malen und durchstreichen! Folie Ü294 auflegen, dort sind die in Tabelle A39 zusammengefassten Wörter zu lesen. Wörter gemeinsam lesen.] (Die Wörter können auch aufgeschrieben werden. Dafür das Arbeitsblatt Ü294 austeilen oder ins Schreibheft schreiben lassen.)*

Schreibübung (**Ü295**): Wörter mit und ohne Dehnungs-h sammeln

➔ Tabelle A39 (Anhang) verwenden!

➔ Arbeitsblatt Ü295 verwenden!

➔ Folie Ü295 verwenden!

Durchführung:

- Arbeitsblatt Ü295 austeilen (alternativ ins Schreibheft schreiben lassen) und die Wörter aus Tabelle A39 diktieren. Die Kinder sollen jeweils entscheiden, ob die Wörter mit oder ohne Dehnungs-h geschrieben werden: Die Kinder sollen in ihrem Schreibheft (bzw. wahlweise auf dem Arbeitsblatt) auf die linke Seite die Wörter mit Dehnungs-h schreiben und auf die rechte Seite die Wörter ohne Dehnungs-h. Zur Hilfestellung sollten diejenigen Buchstaben an die Tafel geschrieben werden, vor denen ein Dehnungs-h geschrieben wird (<r>, <m>, <n> oder <l>). Zur Lösungskontrolle Folie Ü295 verwenden.
  - *Ich werde euch jetzt einige Wörter sagen, die ihr aufschreiben sollt. Nehmt dazu bitte das Arbeitsblatt, was ich euch ausgeteilt habe (alternativ: schlagt euer Schreibheft auf). Auf die linke Seite wollen wir jetzt alle Wörter schreiben, die ein Dehnungs-h haben, und auf die rechte Seite alle Wörter ohne Dehnungs-h. Wie immer sollt ihr dabei gut überlegen, welche Laute ihr hört, damit ihr auch alle richtig aufschreibt. Wir versuchen das mal an einem Beispiel: Welche Laute hört ihr im Wörtchen „lahm“? Achtet genau darauf, wie sich euer Mund anfühlt und wie sich die Laute anhören: „lahm“. Richtig erst ein /l/, dann ein langes /a/ und dann ein /m/. [Zur Hilfestellung können die hörbaren Buchstaben auch an die Tafel geschrieben werden.] An der Tafel stehen die Buchstaben, bei denen wir ein Dehnungs-h schreiben. Ist das /m/ darunter? Ja! Also schreiben wir jetzt das Wort mit oder ohne Dehnungs-h? Ja, mit Dehnungs-h. Welche Buchstaben müssen wir also nacheinander schreiben? Richtig, <l>, <a>, <h> und <m>. Jetzt schreibt das Wörtchen „lahm“ auf die linke Seite. [Warten, bis alle fertig sind.] Und jetzt schaut nach vorn, ob ihr das Wort richtig geschrieben habt.*

    Jetzt versuchen wir es noch mit dem Wörtchen „rot“. Welche Laute kommen denn darin vor? Richtig erst /r/, dann /o/ und dann wieder ein /t/. [Zur Hilfestellung können die hörbaren Buchstaben auch an die Tafel geschrieben werden.] Ein /t/ oder ein /d/ – wie bekommen wir das heraus? Ja, wir verlängern das Wort, z. B. in „rote“, und da hören wir ganz deutlich das /t/. Gut, also „rot“ schreiben wir mit <t>. Und jetzt zum Dehnungs-h. Schaut wieder zu den Buchstaben, vor denen wir ein Dehnungs-h schreiben. Ist das <t> dabei? Nein! Schreiben wir das Wörtchen „rot“ also mit Dehnungs-h? Nein! Wir wollen nun noch andere Wörter schreiben. [Zwischen Wörtern mit und ohne Dehnungs-h abwechseln.]

Bei Problemen mit der Groß-Kleinschreibung kann folgende zusätzliche Instruktion verwendet werden: *Wird denn das Wort [Sahne] groß oder klein geschrieben? Genau, es wird groß geschrieben. Und warum? Alle Wörter, vor die man „der“, „die“ oder „das“ setzen kann, werden groß geschrieben. Und ihr könnt euch merken, dass alles groß geschrieben wird, was man anfassen kann, z. B. der Stuhl oder die Nase.*

Dritte Einführungseinheit (**Ü296**): kein Dehnungs-h bei Wörtern, die mit <t>, <sch>, <sp>, <kr> oder <qu> beginnen:

➔ Tabelle A39 (Anhang) verwenden!

➔ Arbeitsblatt Ü296 verwenden!

➔ Folie Ü296 verwenden!

Durchführung:

- Einführung der Regel (kein Dehnungs-h bei Wörtern, die mit <t>, <sch>, <sp>, <kr> oder <qu> beginnen) und Wiederholung des bisher Gelernten. Danach Arbeitsblatt Ü296 austeilen (alternativ ins

Schreibheft schreiben lassen) und die Wörter aus Tabelle A39 diktieren. Die Kinder sollen die diktierten Wörter jeweils den auf dem Arbeitsblatt aufgedruckten Anfangsbuchstaben zuordnen (<sch>, <sp>, <t> und <kr>).

- *Wir hatten zwei Regeln gelernt. [Zur Unterstützung kann die Folie Ü295 aufgelegt werden.] Wenn sich ein Selbstlaut laaaang anhört, dann können wir (1.) den Selbstlaut schreiben und danach den Mitlaut, den wir hören. (2.) In manchen Fällen schreiben wir auch zwischen dem laaaangen Selbstlaut und dem Mitlaut ein Dehnungs-h, aber das Dehnungs-h steht nur vor den Buchstaben <m>, <n>, <r> und <l>, vor allen anderen Buchstaben nicht, und auch nach <au>, <ei> und <eu> steht nie ein Dehnungs-h. (3.) Es gibt aber noch eine dritte Regel, die wir uns merken können. Passt gut auf, denn das ist jetzt neu für euch: Wenn ein Wort mit einem <t>, <sch>, <sp>, <kr> anfängt und einen langen Selbstlaut hat, schreiben wir* ***nie*** *ein <h> nach dem Selbstlaut. Wir müssen also nicht nur aufpassen, welcher Laut nach dem Selbstlaut kommt, sondern auch, welcher Laut davor kommt. Wir schreiben z.B. nur das <a> in Tal oder nur das <u> in Schule.*

  Diese Regel können wir noch erweitern. Wenn nämlich ein Wort mit <qu> anfängt und einen langen Selbstlaut hat, schreiben wir auch nie ein Dehnungs-h nach dem Selbstlaut. Wir wollen dies nun an einigen Beispielen üben. Nehmt bitte das Arbeitsblatt, das ich euch ausgeteilt habe.

Es empfiehlt sich, in der nachfolgenden Stunde zur Wiederholung eine Leseübung durchzuführen, in der die in der letzten Stunde aufgeschriebenen Wörter zum Dehnungs-h noch einmal gelesen werden: *Nehmt bitte das Arbeitsblatt aus der letzten Stunde (alternativ: schlagt bitte euer Heft auf]. Wir hatten in der letzten Stunde links die Wörter mit Dehnungs-h und rechts ohne Dehnungs-h geschrieben. Da wollen wir jetzt weitermachen. Wir lesen jetzt erst einmal die Wörter, die wir bereits geschrieben haben. [Wörter vergleichen!]*

Wiederholende Schreibübung (Ü297): Alle Regeln zum Dehnungs-h:

➔ Tabelle A39 (Anhang) verwenden!
➔ Arbeitsblatt Ü297 verwenden!
➔ Folie Ü297 verwenden!

In der abschließenden Schreibübung sollen alle in den drei Einführungseinheiten zum Dehnungs-h behandelten Regeln angewendet werden. Die Kinder sollen wieder auf die linke Seite die Wörter mit Dehnungs-h und auf die rechte Seite die Wörter ohne Dehnungs-h schreiben.

Ü298 Vertiefende Wortstammübungen zum Dehnungs-h

➔ Tabelle A40 (Anhang) verwenden!
➔ Arbeitsblatt Ü298 verwenden!
➔ Folie Ü298 verwenden!

Das Lernziel der folgenden Übung ist es, das Wortstammprinzip auf Wörter mit Dehnungs-h anwenden zu können. Die Kinder sollen lernen, dass die Schreibung des Wortstammes mit Dehnungs-h erhalten bleibt, wenn Vorsilben, Nachsilben sowie Endungen an den Wortstamm angefügt werden oder Zusammensetzungen gebildet werden.

Durchführung: Im Unterrichtsgespräch wird die Anwendung des Wortstammprinzips auf Wörter, die mit Dehnungs-h geschrieben werden, erläutert. Danach Arbeitsblatt Ü298 austeilen (alternativ ins Schreibheft schreiben lassen) und die Wörter aus Tabelle A40 diktieren. Die Kinder sollen die diktierten Wörter jeweils hinter das Wort mit demselben Wortstamm schreiben. *Schreibt bitte das Wort „lahm". [Alle Kinder schreiben und bei Problemen lautieren oder buchstabieren lassen.] Wie wird denn dann das Wort „lahmen" geschrieben? Sagt alle erst einmal ganz deutlich „lahmen". Gut, und jetzt unterteilt das Wort in Silben: „lah-men". Wer kann mir jetzt das Wort buchstabieren? Worin unterscheiden sich die Wörter „lahm" und „lahmen"? [Bei richtiger Antwort bestätigen, bei falscher Antwort Fehler diskutieren.]*

7.3 ie-Schreibung (Ü299)

➔ Tabelle A41 (Anhang) verwenden!
➔ Arbeitsblatt Ü299 verwenden!
➔ Folie Ü299 verwenden!

Ziel dieser Übung ist es, die Rechtschreibung von Wörtern mit <i> oder <ie> zu erlernen. Die Übung sollte erst durchgeführt werden, nachdem das Dehnungs-h behandelt wurde! Der Zeitbedarf beträgt etwa zehn bis fünfzehn Minuten. Es steht ein Arbeitsblatt sowie eine Folie zum gemeinsamen Lesen und für die Lösungskontrolle zur Verfügung (siehe Abbildung 14). Es wird ein Overheadprojektor benötigt. Die Übung kann ab der dritten Klassenstufe durchgeführt werden.

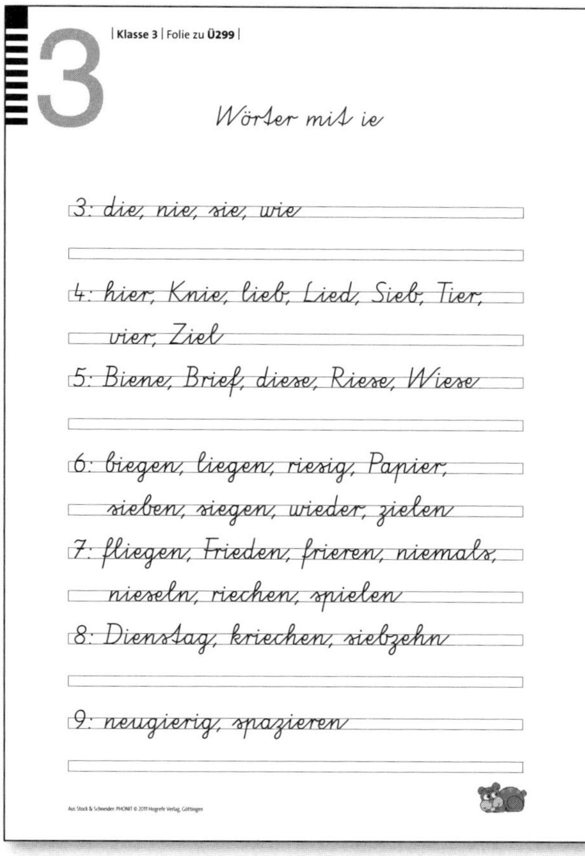

Abbildung 14: *Beispielfolie zum Üben der ie-Schreibung (Ü299 für Klasse 3)*

Orthografische Regel: Lange Selbstlaute können unterschiedlich geschrieben werden: (1) einfacher Selbstlaut, (2) Dehnungs-h, (3) <ie>. Bei einem langen /i/ wird häufig <ie> geschrieben, aber selten das Dehnungs-h.

Durchführung:

- Einführung der Regel (unterschiedliche Schreibweisen von langem /i/ mit Dehnungs-h oder <ie>). Danach die Folie 299 auflegen und Wörter gemeinsam lesen.
  - *Wir haben also bisher festgestellt, dass wir lange Selbstlaute mit oder ohne Dehnungs-h schreiben können. [Entsprechende Folien 293/294 auflegen.] Jetzt gibt es aber noch eine Besonderheit, die ihr euch merken müsst: Wir schreiben nur ganz selten das Dehnungs-h nach einem langen /i/. Eine wichtige Wortgruppe, die ihr euch hier merken müsst, sind alle Wörter, die etwas mit „ihr" zu tun haben, also „ihr", „ihre", „ihrer", „ihren", „ihrem", „ihres". In den meisten Fällen schreiben wir aber nach einem langen /i/ noch den Buchstaben <e>, also <ie>. Wenn diese beiden Buchstaben hintereinander stehen, heißt das, dass ihr das /i/ lang aussprechen müsst. Ein <ie> schreiben wir in den Wörtern: „Tier", „hier", „vier", „viel", „spielen", „lieb". [Bitte diese Wörter an die Tafel schreiben.] Wir wollen jetzt ein paar Wörter lesen, die mit <ie> geschrieben werden. [Folie Ü299 auflegen.]*
- Wortlängendiktat: Arbeitsblatt Ü299 austeilen (alternativ ins Schreibheft schreiben lassen) und die Wörter aus Tabelle A41 diktieren. Auf dem Arbeitsblatt sind Zahlen aufgedruckt, welche die Wortlänge (Anzahl der Buchstaben) angibt. Die Kinder sollen die diktierten Wörter jeweils hinter die passende Ziffer schreiben. Zur Lösungskontrolle kann Folie Ü299 verwendet werden.
  - *Ihr seht also, dass wir sehr oft Wörter mit <ie> schreiben, viel häufiger als mit <ih>. Wir wollen jetzt ein paar Wörter mit <ie> schreiben. [Zuvor aufgelegte Folie Ü299 wieder abdecken.]*
- Zusammenfassung zur <ie>-Schreibung: An dieser Stelle sollen alle Möglichkeiten, wie lange Vokale geschrieben werden können, noch einmal zusammenfassend besprochen werden.
  - *Wir wollen jetzt noch einmal zusammenfassen, wie wir einen langen Selbstlaut schreiben können:*
    (1) entweder, indem wir einfach den Selbstlaut schreiben oder
    (2) das Wort mit einem Dehnungs-h oder
    (3) indem wir bei einem lang gesprochenen /i/ häufig <ie>, aber nur selten das Dehnungs-h schreiben.
  - *Ein langes /a/ können wir schreiben wie in „Hase" oder „ Sahne".*
  - *Ein langes /e/ können wir schreiben wie in „Besen" oder „sehr".*
  - *Ein langes /o/ können wir schreiben wie in „Dose" oder „ohne".*
  - *Ein langes /u/ können wir schreiben wie in „Hut" oder „Stuhl".*
  - *Ein langes /i/ können wir schreiben wie in „wir" oder „Tier" oder „ihr".*

7.4 Auslautverhärtung (Ü300 bis Ü306)

Am Ende eines Wortes wird immer /p/, /t/ oder /k/ gesprochen (Auslautverhärtung). Ziel dieser Übung ist es, Wörter mit Auslautverhärtungen schreiben zu lernen. Die Kinder sollen lernen, dass sie durch Wortverlängerung herausfinden können, ob ein Wort mit einem weichen oder einem harten Plosivlaut am Ende geschrieben wird. Der Zeitbedarf beträgt pro Übung etwa zehn bis fünfzehn Minuten. Für alle Übungen stehen Folien zur Verfügung (siehe Abbildung 15), für die Übungen Ü301 bis Ü306 auch Arbeitsblätter. Es wird ein Overheadprojektor benötigt. Alle Übungen können in der zweiten und dritten Klasse durchgeführt werden.

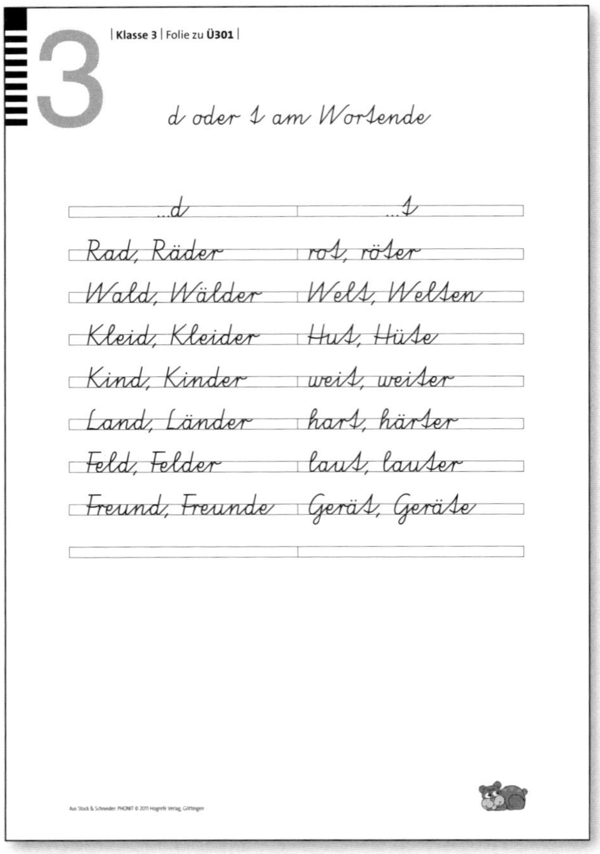
3 | Klasse 3 | Folie zu Ü301 |

d oder t am Wortende

...d	...t
Rad, Räder	rot, röter
Wald, Wälder	Welt, Welten
Kleid, Kleider	Hut, Hüte
Kind, Kinder	weit, weiter
Land, Länder	hart, härter
Feld, Felder	laut, lauter
Freund, Freunde	Gerät, Geräte

Abbildung 15: *Beispielfolie zum Üben der Auslautverhärtung (Ü301 für Klasse 3)*

Ü300 Einführung

➔ Tabelle A42 (Anhang) verwenden!

➔ Folie Ü300 verwenden!

Durchführung:

- Die Lehrerin erläutert im Unterrichtsgespräch die Auslautverhärtung sowie die Ableitungsregel. Dazu Folie Ü300 auflegen.
  - *Wenn wir schön deutlich sprechen, ist es nicht schwer herauszufinden, ob ein Wort mit einem /b/, /p/, /d/, /t/, /g/ oder /k/ anfängt oder einen dieser Laute in der Mitte hat. Am Wortende ist das nicht so leicht, hier gibt es eine Besonderheit, die ihr euch gut merken müsst: Am Ende eines Wortes sprechen wir immer /p/, /t/ oder /k/, z.B. „Welt". Trotzdem gibt es auch Wörter, bei denen wir ein <b>, <d> oder <g> am Ende schreiben, z.B. „Sieb", „Geld", „genug". Wir sprechen und hören aber immer das harte /p/, /t/ oder /k/, weil es einfach ganz schwierig ist, am Wortende einen weichen Laut auszusprechen. Versucht das mal: „Rad"! [/d/ überdeutlich weich sprechen.] Ganz schön schwierig, oder? Ich zeige euch jetzt noch einige Wörter, die am Ende mit <b>, <p>, <d>, <t>, <g> oder <k> geschrieben werden. [Folie Ü300 auflegen und oberen Teil vorlesen.] Wir können ganz leicht herausfinden, ob ein Wort mit einem weichen oder einem harten Laut endet: Dazu überlegen wir uns einen Trick: Man kann das Wort einfach verlängern, um herauszufinden, ob man es nun z.B. mit einem <d> oder <t> schreibt.*
- Gemeinsame Leseübung anhand Folie Ü300 (unterer Teil)
  - *Wir machen das mal an ein paar Beispielen: Loben wird mit <b> geschrieben, also schreiben wir auch Lob mit einem <b>, obwohl wir ein /p/ hören und sprechen. [Mit übrigen Worten fortfahren.]*

Ü301 bis Ü303 Schreibübungen zur Einführung

➔ Tabelle A42 (Anhang) verwenden!

➔ Arbeitsblätter „Ü301", „Ü302" und „Ü303" verwenden!

➔ Folien Ü301, Ü302 und Ü303 verwenden!

Durchführung:

- Die Übungen Ü301 bis Ü303 sind Schreibübungen und werden in gleicher Weise durchgeführt: Zuerst wird das entsprechende Arbeitsblatt ausgeteilt (alternativ ins Schreibheft schreiben lassen). Es werden die Wörter aus Tabelle A42 diktiert. Die Kinder sollen jeweils entscheiden, ob die Wörter am Ende mit <d> oder <t> (Ü301), mit <g> oder <k> (Ü302) oder mit <b> oder <p> (Ü303) geschrieben werden, und anschließend die Wörter unter die entsprechende Überschrift auf die linke oder rechte Seite des Arbeitsblattes (oder wahlweise des Schreibheftes) schreiben. Zur Lösungskontrolle werden die Folien mit den entsprechenden Übungsnummern verwendet.
  - *Ü301 <d> vs. <t>: Nehmt bitte das Arbeitsblatt. Dort seht ihr links ein <d> stehen und rechts ein <t>. Ich werde euch jetzt einige Wörter nennen. Ihr sollt mir sagen, ob diese am Wortende auf <t> oder <d> enden. Wenn die Antwort richtig ist, sollt ihr die Wörter in euer Heft schreiben [nach jeder Antwort mit dem Wort auf der Folie Ü301 vergleichen; bei Endung auf <d> unter d schreiben lassen und bei Endung auf <t> unter t schreiben lassen.] Ü302 <g> vs. <k>: Gut habt ihr das gemacht, und jetzt versuchen wir das Gleiche mit dem <g> und dem <k>. Nehmt bitte das zweite Arbeitsblatt. Auf welchen Buchstaben enden denn die folgenden Wörter? [Vorgehen wie oben.] Ü303 <b> vs. <p>: Gut habt ihr das gemacht, und jetzt versuchen wir das Gleiche mit dem <b> und dem <p>. Nehmt dafür bitte das dritte Arbeitsblatt. Auf welchen Buchstaben enden denn die folgenden Wörter? [Vorgehen wie oben.]*

Mit dem Buchstaben <p> am Ende gibt es nur sehr wenige Wörter. Meistens enden die Wörter also auf <b>, wenn ihr /p/ hört. Bei den Wörtern, bei denen wir /t/ oder /k/ am Ende hören, kommen die harten und weichen Buchstaben ungefähr gleich häufig vor.

Ü304 bis Ü306 Schreibübungen zur Wiederholung

➔ Tabelle A42 (Anhang) verwenden!

➔ Arbeitsblätter „301“, „Ü302“ und „Ü303“ verwenden!

➔ Folien Ü304, Ü305 und Ü306 verwenden!

In der nächsten Stunde nach der Einführung sollte die Auslautverhärtung noch einmal besprochen (siehe Ü300) und anhand weiterer Wörter geübt werden. Für die Schreibübungen sollten am besten die in der letzten Stunde beschriebenen Arbeitsblätter weiter verwendet werden.

Durchführung: Die Kinder sollen die in der letzten Stunde begonnenen Arbeitsblätter („Ü301/304“, „Ü302/Ü305“ und „Ü303/Ü306“) hervorholen. Es werden die Wörter aus Tabelle A42 diktiert. Die Kinder sollen erneut jeweils entscheiden, ob die Wörter am Ende mit <d> oder <t> (Ü304), mit <g> oder <k> (Ü305) oder mit <b> oder <p> (Ü306) geschrieben werden, und anschließend die Wörter unter die entsprechenden Überschriften – unter die in der letzten Stunde geschriebenen Wörter – auf die linke oder rechte Seite des Arbeitsblattes (oder wahlweise des Schreibheftes) schreiben. Zur Lösungskontrolle werden die Folien mit den entsprechenden Übungsnummern verwendet.

7.5 Wörter mit <sp> und <st> (Ü307 bis Ü317)

Ziel dieser Übung ist es, Wörter mit <sp> und <st> in der Wortmitte und am Wortanfang schreiben zu lernen. Der Zeitbedarf beträgt pro Übung etwa fünf bis fünfzehn Minuten. Für die Übungen Ü309, Ü313 und Ü317 stehen Arbeitsblätter zur Verfügung und für die Übungen Ü308, Ü312 sowie Ü317 Folien (siehe Abbildung 16). Es werden ein Overheadprojektor sowie die Tafel benötigt. Alle Aufgaben sind für die Klassenstufen 2 bis 3 geeignet.

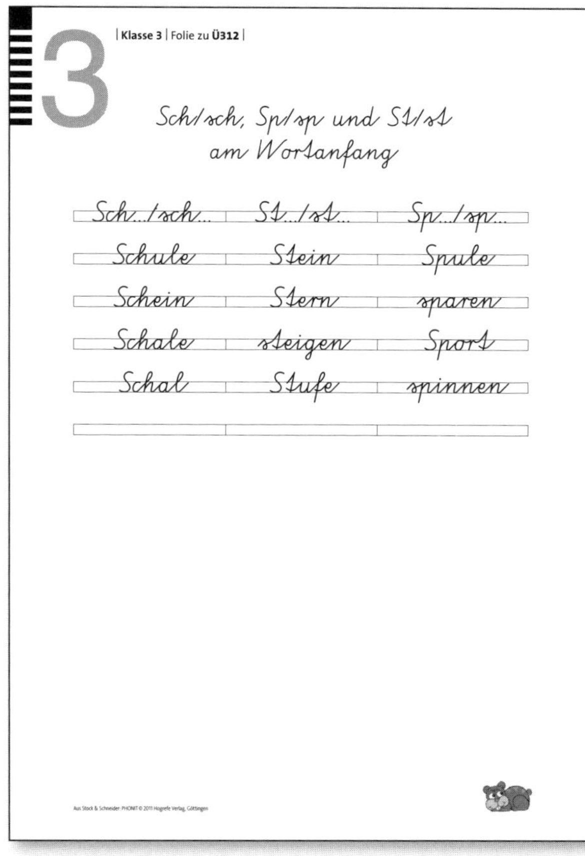

Abbildung 16: *Beispielfolie zum Üben von Wörtern mit <sp> und <st> (Ü312 für Klasse 3)*

Orthografische Regel: Stehen <st> und <sp> in der Wortmitte oder am Wortende, stimmt die Schreibweise mit der Aussprache überein. Stehen <st> und <sp> dagegen am Wort- oder Silbenanfang, weicht die Schreibweise von der Aussprache ab: <sp> wird als /sch/-/p/ ausgesprochen und <st> als /sch/-/t/.

Ü307 bis Ü315 Schreibung mit <sp> und <st> einführen und wiederholen

<sp> und <st> in der Wortmitte und am Wortende **Ü307-Ü309)**

Durchführung **Ü307** (*Einführung*):
Die Lehrerin führt in das Thema Wörter mit <sp> und <st> ein: Sie bespricht dabei zuerst Wörter, bei denen Schreibweise und Aussprache einander entsprechen (Wörter mit <sp> und <st> in der Wortmitte und am Wortende):

- *Es gibt Wörter, in denen die Laute /s/ und /t/ direkt hintereinander vorkommen, z.B. im Wort „Kasten“. Wir sagen alle ganz deutlich „Kasten“. Wir hören zuerst das /s/ und gleich danach das /t/:„Kasten“. Und wie ist es in dem Wort „Ast“? Mit welchen Lauten endet dieses Wort? Genau, mit /s/ und mit einem /t/: „Ast". Wir sprechen zuerst das /s/ und gleich danach das /t/. Weitere Wörter sind „List", „Rest", „Kiste". Auch das /s/ und das /p/ können in einem Wort direkt hintereinander vorkommen, so wie in „Kasper". Wir hören zuerst das /s/ und gleich danach das /p/: „Kasper". Weitere Beispiele sind „knuspern" und „Wespe".*

➔ Tabelle A43 (Anhang) verwenden!

➔ Folie Ü308 verwenden!

Durchführung **Ü308** *(Leseübung)*:
Die Folie Ü308 wird auf den Overheadprojektor gelegt. Die Lehrerin liest mit den Kindern einige Beispielwörter mit <sp> und <st> in der Wortmitte von der Folie.

■ *Wir wollen jetzt ein paar Wörter lesen, die den Laut /s/-/t/ oder /s/-/p/ im Wort haben.*

➔ Tabelle A43 (Anhang) verwenden!

➔ Arbeitsblatt Ü309 verwenden!

Durchführung **Ü309** *(Schreibübung)*:
Arbeitsblatt Ü309 austeilen (alternativ ins Schreibheft schreiben lassen) und die Wörter aus Tabelle A43 diktieren. Die Kinder sollen in ihrem Schreibheft (bzw. wahlweise auf dem Arbeitsblatt) auf die linke Seite die Wörter mit <st> und auf die rechte Seite Wörter mit <sp> schreiben. Zur Lösungskontrolle Folie Ü308 verwenden. (Es werden dieselben Wörter geschrieben, die in Ü308 gelesen wurden).

■ *Und jetzt wollen wir einige der Wörter, die wir gerade gelesen haben, auch aufschreiben. Nehmt dafür bitte euer Heft und einen Stift hervor. Auf der linken Seite seht ihr ein <st> vorgedruckt. Hier schreiben wir jetzt ein paar Wörter mit /s/-/t/. Wir fangen mit ganz kurzen Wörtern an.*

Auf der rechten Seite seht ihr ein <sp> vorgedruckt. Hier schreiben wir jetzt ein paar Wörter mit /s/-/p/. Wir fangen wieder mit kurzen Wörtern an.

<sp> und <st> am Wortanfang (**Ü310-Ü315**)

Durchführung **Ü310** *(Einführung)*:
Die Lehrerin erläutert im Unterrichtsgespräch mit den Kindern die Schreibung von <sp> und <st> am Wortanfang.

■ *Welche Laute hört ihr denn am Anfang vom Wort „Sport"? Genau, wir hören und sprechen erst ein /sch/ und gleich danach ein /p/. Wenn wir „Sport" schreiben, gibt es aber eine Besonderheit, die ihr euch gut merken müsst: Wir sprechen und hören zwar /sch/-/p/, aber wir schreiben nie <schp>, sondern immer <s> und <p>. Also wir schreiben nicht <Schport>, sondern <Sport>. [An die Tafel schreiben.] Genauso ist es mit dem Wörtchen „Stein": Wir sprechen zuerst ein /sch/ und gleich danach ein /t/, aber wir schreiben nicht <Schtein>, sondern <Stein>. [An die Tafel schreiben.] Also, wenn wir ein Wort hören, das am Anfang wie /sch/-/p/ oder /sch/-/t/ gesprochen wird, schreiben wir* ***immer*** *<sp> oder <st>. Es gibt auch nie die Schreibweise <sb> oder <sd>, sondern immer nur <sp> und <st>. Und das müsst ihr euch ganz fest merken!*

➔ Tabelle A43 (Anhang) verwenden!

Durchführung **Ü311** *(Laute differenzieren am Wortanfang)*:
Die Lehrerin nennt einige Übungswörter, die entweder mit /sch/ oder /sch/-/p/ oder /sch/-/t/ beginnen. Die Kinder sollen den Unterschied heraushören. Zum Diktieren Wörter in Tabelle A43 verwenden.

■ *Jetzt ist es ganz wichtig, dass ihr genau hinhört. Also, immer, wenn ihr ein /sch/ hört, müsst ihr überlegen, ob danach noch ein /p/ oder /t/ zu hören ist. Das wollen wir jetzt erst einmal üben. Ich sage euch jetzt ein paar Wörter und ihr sollt mir sagen, ob ihr nur ein /sch/ hört oder danach noch ein /p/ oder ein /t/. [Wörter aus Tabelle A43, Zeile Ü311 diktieren.]*

➔ Tabelle A43 (Anhang) verwenden!

➔ Folie Ü312 verwenden!

Durchführung **Ü312** *(Leseübung)*:
Die Folie Ü312 wird auf den Overheadprojektor gelegt. Die Lehrerin liest mit den Kindern einige Beispielwörter, die mit <st> und <sp> beginnen.

■ *Jetzt wollen wir noch ein paar Wörter lesen, die mit <st> oder <sp> geschrieben werden, aber wie /sch/-/p/ und /sch/-/t/ gesprochen werden. Und jetzt lesen wir noch ein paar Wörter, die mit <sch> geschrieben werden.*

➔ Tabelle A43 (Anhang) verwenden!

➔ Arbeitsblatt Ü313 verwenden!

Durchführung **Ü313** *(Schreibübung)*:
Arbeitsblatt Ü313 austeilen (alternativ ins Schreibheft schreiben lassen) und die Wörter aus Tabelle A43 diktieren. Die Kinder sollen in ihrem Schreibheft (bzw. wahlweise auf dem Arbeitsblatt) links die Wörter mit <sch>, in der Mitte die Wörter mit <st> und rechts die Wörter mit <sp> schreiben. Zur Lösungskontrolle Folie Ü312 verwenden. (Es werden dieselben (und einige zusätzliche) Wörter geschrieben, die in Ü312 gelesen wurden).

- *Und jetzt wollen wir einige der Wörter, bei denen wir gerade so genau hingehört haben, auch aufschreiben. Nehmt dafür bitte das Arbeitsblatt, das ich euch ausgeteilt habe, und einen Stift hervor. Auf der linken Seite seht ihr ein <sch>, darunter kommen alle Wörter, die mit /sch/ beginnen, in der Mitte seht ihr ein <st>, darunter schreiben wir alle Wörter, die mit /sch/-/t/ anfangen, und rechts seht ihr ein <sp>, darunter schreiben wir alle Wörter, die mit /sch/-/p/ anfangen.*

Es empfiehlt sich, die Schreibweise von Wörtern mit <sp> und <st> am Wortanfang mehrfach (mindestens zweimal) zu wiederholen, am besten in der darauffolgenden Stunde sowie in einigem Abstand nach mehreren Stunden. In den folgenden Abschnitten Ü314 und Ü315 finden sich beispielhafte Vorschläge zum Wortlaut für die zwei Wiederholungen. Dabei kann auf die Folie Ü312 zurückgegriffen werden.

Vorschlag zum Wortlaut für **Ü314**
(Erste Wiederholung):
In der letzten Stunde haben wir uns mit Wörtern beschäftigt, die ein /sch/ im Wort haben. Welche Rechtschreibregel haben wir denn da kennen gelernt? Richtig, wenn wir ein Wort hören, das am Anfang wie /sch/-/p/ oder /sch/-/t/ gesprochen wird, schreiben wir immer <sp> oder <st>. [Buchstaben an die Tafel schreiben.] Wer kann mir ein paar Wörter mit <sp> oder <st> nennen? [Wörter nennen lassen.] Und welche Wörter gibt es, die nur mit /sch/ anfangen? [Wörter nennen lassen.] Wie schreiben wir diese Wörter? Richtig, mit <sch>. [Danach noch einmal die diktierten Wörter der letzten Stunde lesen.]

Vorschlag zum Wortlaut für **Ü315**
(Zweite Wiederholung):
Wir wollen uns heute an eine Regel erinnern, die wir vor einigen Stunden gelernt haben und die ihr euch gut merken solltet. Ich sage euch jetzt zwei Wörter, achtet bitte auf den Beginn der Wörter: „Schule" – „Spule". Mit welchem Laut beginnt denn das Wort „Schule"? Richtig, mit /sch/. Und danach kommt? Richtig, das /u/. Das Wort wird also so geschrieben: <Schule>. [Auf Folie Ü312 aufdecken.] Welche Laute hört ihr denn am Anfang des Wortes „Spule"? Richtig, ein /sch/. Und danach kommt? Richtig, das /p/ und dann erst das /u/. Wie schreiben wir jetzt die Verbindung /sch/-/p/ am Wortanfang? Richtig, wir schreiben nicht <schp>, sondern <sp>. Das Wort wird also so geschrieben: <Spule>. [Auf Folie Ü312 aufdecken.] Wenn wir also /sch/-/p/ hören, schreiben wir immer <sp> und nie <schp>. Es gibt aber noch eine Ausnahme, in der wir /sch/ nicht mit <sch> schreiben. Ich sage euch wieder zwei Wörter, achtet bitte auf den Beginn der Wörter: „Schein" – „Stein". Mit welchem Laut beginnt denn das Wort „Schein"? Richtig, mit /sch/. Und danach kommt? Richtig, das /ei/. Das Wort wird also so geschrieben: <Schein>. [Auf Folie Ü312 aufdecken.] Welche Laute hört ihr denn am Anfang des Wortes „Stein"? Richtig, ein /sch/. Und danach kommt? Richtig, das /t/ und dann erst das /ei/. Wie schreiben wir jetzt die Verbindung /sch/-/t/ am Wortanfang? Richtig, wir schreiben nicht <scht>, sondern <st>. Das Wort wird also so geschrieben: <Stein>. [Auf Folie Ü312 aufdecken.] Wenn wir also /scht/ hören, schreiben wir immer <st> und nie <scht>. Also, immer, wenn wir ein Wort hören, das am Anfang wie /sch/-/p/ oder /sch/-/t/ gesprochen wird, schreiben wir immer <sp> oder <st>. Es gibt auch nie die Schreibweise <sb> oder <sd>, sondern immer nur <sp> und <st>.

Ü316 Schreibübung als Mannschaftsspiel

Durchführung: Die Kinder werden in zwei Mannschaften aufgeteilt. Die eine Mannschaft geht hinter den linken, die andere hinter den rechten Teil der Tafel. Die Kinder sollen innerhalb von zwei Minuten so viele Wörter mit <st> aufschreiben wie möglich. Nachdem die zwei Minuten um sind, werden die Ergebnisse verglichen. Fehler – nicht nur bei <st> – werden korrigiert und diskutiert. Falls Zeit ist, kann die Übung mit <sp> wiederholt werden.

Gut, wir teilen uns jetzt in zwei Gruppen auf. Jede Gruppe geht hinter eine Tafelhälfte. Wenn ich gleich „los" sage, habt ihr zwei Minuten Zeit, um so viele Wörter wie möglich mit <st> aufzuschreiben. Wenn die zwei Minuten um sind, sage ich „stopp" und dann klappen wir die Tafel nach vorn.

Ü317 Vertiefende Wortstammübung zum <sp> und <st>

➔ Tabelle A43 (Anhang) verwenden!
➔ Arbeitsblatt Ü317 verwenden!
➔ Folie Ü317 verwenden!

Das Lernziel der folgenden Übung ist es, das Wortstammprinzip auf Wörter mit <sp> und <st> anwenden zu können. Die Kinder sollen lernen, dass die Schreibung des Wortstammes mit <sp> und <st> erhalten bleibt, wenn Vorsilben, Nachsilben sowie Endungen an den Wortstamm angefügt werden oder Zusammensetzungen gebildet werden.

Durchführung: Im Unterrichtsgespräch wird die Anwendung des Wortstammprinzips auf Wörter, die mit <sp> und <st> geschrieben werden, erläutert. Danach Arbeitsblatt Ü317 austeilen (alternativ ins Schreibheft schreiben lassen) und die Wörter aus Tabelle A43 diktieren. Die Kinder sollen die diktierten Wörter jeweils hinter das Wort mit demselben Wortstamm schreiben.

Nehmt bitte euer Schreibheft (alternativ das Arbeitsblatt) und schreibt noch einmal das Wort „Sport". Wir haben gelernt, dass wir das Wort „Sport" mit den Buchstaben <Sp> schreiben. Wie wird denn dann das Wort „sportlich" geschrieben? Sagt alle erst einmal ganz deutlich „sportlich". Gut, und jetzt unterteilt das Wort in Silben: „sport-lich". Wer kann mir jetzt das Wort buchstabieren?

7.6 Wörter mit <v> und entsprechenden Vorsilben (Ü318 bis Ü320)

Ziel der nachfolgenden Übungseinheiten ist es, Wörter mit <v> am Wortanfang und Wörter mit entsprechenden Vorsilben schreiben zu lernen. Der Zeitbedarf beträgt pro Übung etwa fünf bis fünfzehn Minuten. Alle Aufgaben sind für die Klassenstufen 2 und 3 geeignet. Für die Übungen Ü318 und Ü320 stehen Arbeitsblätter und Folien zur Verfügung (siehe Abbildung 17). Es wird ein Overheadprojektor benötigt.

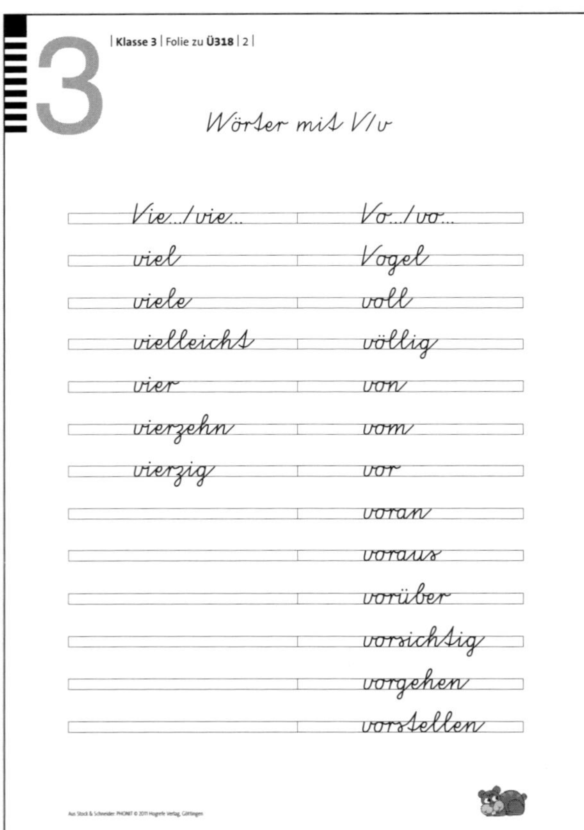

Abbildung 17: *Beispielfolie zum Üben von Wörtern mit <v> (Ü318 für Klasse 3, Seite 2)*

Ü318 Einführungsübung zu Wörtern mit <v>

➔ Tabelle A44 (Anhang) verwenden!

➔ Arbeitsblatt Ü318 verwenden!

➔ Folie Ü318 verwenden!

Durchführung:

- Zur Einführung in das Thema wird eine Übung zum V durchgeführt (siehe Übung Ü31). Danach wird das Arbeitsblatt Ü318 ausgeteilt (alternativ ins Schreibheft schreiben lassen) und es werden die Wörter aus Tabelle A44 (Zeile Ü318) diktiert. Die Kinder sollen in ihrem Schreibheft (bzw. wahlweise auf dem Arbeitsblatt) die Wörter den Überschriften <va>, <ve>, <vie> und <vo> zuordnen. Zur Lösungskontrolle Folie Ü318 verwenden.
  - *Und damit wir uns das alles besser merken können, wollen wir ein paar Wörter aufschreiben. Öffnet bitte dazu euer Übungsheft. Wir wollen jetzt einige wichtige Wörter mit <v> schreiben.*
- Die Kinder lesen die soeben geschriebenen Wörter. Im Unterrichtsgespräch werden die Regeln zum V erarbeitet (insbesondere die Schreibweise der Vorsilben <ver> und <vor>).
  - *Fällt euch etwas bei den Wörtern auf, die wir gerade geschrieben haben? (1) Es gibt keine Wörter, die mit /f/-/u/ beginnen und <vu> geschrieben werden. (2) Auch Wörter mit /f/-/a/, die <va> geschrieben werden, sind sehr selten. Hier müssen wir uns nur „Vati" oder „Vater" merken. (3) Wörter mit /f/-/i/ kommen häufiger vor, aber sie beziehen sich meistens auf das Wort „viel" oder das Wort „vier", also sollten wir uns vor allem diese Wörter merken! (4) Wörter mit /f/-/o/ kommen auch häufiger vor. Hier merken wir uns den „Vogel" und das Wörtchen „voll". Das können wir uns auch bildlich merken: [Aus dem <v> in „Vogel" eine Schwalbe oder Möwe malen und in das <v> in „voll" kleine Kügelchen, wie in einem Behälter, malen.] Dann gibt es noch die kleinen Wörtchen „von", „vom" und „vor", die müsst ihr euch auch merken. Und „vor" kommt als Vorsilbe auch in anderen Wörtern vor. Einige Wörter haben wir gerade geschrieben: „vorsichtig", „vorgehen", „vorstellen". Vorsilben erkennt man daran, dass es die Wörter auch ohne diese Vorsilben gibt – z. B. „verstehen" und „stehen" – aber die Wörter haben meistens eine andere Bedeutung. (5) Noch deutlicher wird das bei den Lauten /f/-/e/. Hier stehen ganz viele Wörter, die mit <ver> beginnen. <ver> ist wie <vor> eine ganz wichtige Vorsilbe. Einige Wörter haben wir gerade geschrieben: „verstehen", „verkaufen", „verbieten".*

Ü319 Gruppenübung zu Vorsilben mit <v>

Durchführung: Die Kinder werden in Gruppen aufgeteilt. Jedes Kind bekommt ein Blatt Papier. Die Kinder haben zwei mal zwei Minuten Zeit, so viele Wörter wie möglich mit <ver> bzw. mit <vor> aufzuschreiben. Am Ende die Gruppen vergleichen.

Wir wollen jetzt Wörter mit Vorsilben, die wir mit <v> schreiben, noch etwas üben. Jeder nimmt ein Blatt Papier und einen Stift. Wir bilden jetzt zwei [oder drei] Gruppen. [Kinder in die Gruppen aufteilen.] Ihr habt jetzt zwei Minuten Zeit und sollt so viele Wörter wie möglich mit <ver> aufschreiben. Super, und jetzt habt ihr noch mal zwei Minuten Zeit und sollt so viele Wörter wie möglich mit <vor> aufschreiben. [Am Ende die Wörter besprechen.]

Ü320 Vertiefende Wortstammübung zu Wörtern mit <ver> und <vor>

➔ Tabelle A44 (Anhang) verwenden!

➔ Arbeitsblatt Ü320 verwenden!

➔ Folie Ü320 verwenden!

Das Lernziel der folgenden Übung ist es, das Wortstammprinzip auf Wörter mit den Vorsilben <ver> und <vor> anwenden zu können. Die Kinder sollen lernen, dass die Schreibung des Wortstammes erhalten bleibt, wenn Vorsilben, Nachsilben sowie Endungen an den Wortstamm angefügt werden oder Zusammensetzungen gebildet werden.

Durchführung: Im Unterrichtsgespräch wird die Anwendung des Wortstammprinzips auf Wörter, die mit den Vorsilben <ver> und <vor> geschrieben werden, erläutert. Danach Arbeitsblatt Ü320 austeilen (alternativ ins Schreibheft schreiben lassen) und die Wörter aus Tabelle A44 diktieren. Die Kinder sollen die diktierten Wörter jeweils hinter das Wort mit demselben Wortstamm schreiben.

Nehmt bitte das Arbeitsblatt, welches ich euch ausgeteilt habe (alternativ: Öffnet jetzt bitte euer Heft). In der letzten Stunde (vor einigen Stunden) haben wir ja den Buchstaben <v> kennengelernt. Gesprochen wird das <v> wie der Laut /f/. Wir haben auch gelernt, dass es zwei Vorsilben gibt, die wir immer mit <v> schreiben, obwohl wir /f/ hören, nämlich „ver" und „vor". Wir schreiben jetzt alle das Wort „später" auf. [Alle Kinder schreiben lassen.] Wenn wir die beiden Buchstaben <e> und <r> am Ende weglassen, erhalten wir welches Wort? Richtig: „spät". Schreibt das bitte auch hin. Und wenn wir jetzt am Wortanfang die Vorsilbe <ver> und am Wortende die Silbe <en> anfügen, welches Wort erhalten wir dann? Richtig: „verspäten". Schreibt das Wort bitte auch auf. [Jeweils an der Tafel mitschreiben.]

7.7 Wörter mit Substantivendungen (Ü321 bis Ü322)

Ziel der nachfolgenden Übungseinheiten ist es, Wörter mit Substantivendungen erkennen und schreiben zu lernen: Die Kinder sollen lernen, dass Wörter mit den Endungen <ung>, <heit>, <keit>, <schaft>, <lein> und <chen> groß geschrieben werden. Der Zeitbedarf beträgt pro Übung etwa fünf bis fünfzehn Minuten. Für die Übung Ü321 stehen ein Arbeitsblatt und eine Folie zur Verfügung (siehe Abbildung 18). Es werden eine Tafel und ein Overheadprojektor benötigt. Alle Aufgaben sind für den Einsatz ab der Klassenstufe 3 geeignet.

Abbildung 18: *Beispielfolie zum Üben von Substantivendungen (Ü321 für Klasse 3)*

Ü321 Substantivendungen einführen und wiederholen

➔ Tabelle A45 verwenden!

➔ Arbeitsblatt Ü321 verwenden!

➔ Folie Ü321 verwenden!

Durchführung:

- Zur Einführung in das Thema wird eine phonologische Übung zu Substantivendungen durchgeführt (siehe Ü175 bis Ü180). Danach wird im Unterrichtsgespräch die Großschreibung von Substantiven wiederholt und erarbeitet, wie Substantive an den Endungen <ung>, <heit>, <keit>, <schaft>, <lein> und <chen> erkannt werden können. Dafür sollten die Wörter aus Tabelle A45 (Zeile Ü321) verwendet werden, da diese Wörter im nächsten Schritt auch geschrieben werden.
  - *Wir machen jetzt etwas ganz anderes. Ich sage euch ein Wort: „Aufregung“. Wie würdet ihr dieses Wort schreiben, groß oder klein? [Antworten lassen, bei falscher Antwort die richtige nennen.] Und wie würdet ihr das Wort „Dunkelheit“ schreiben? [Antworten lassen, bei falscher Antwort die richtige nennen.] Und das Wort „Freundschaft“? [Antworten lassen, bei falscher Antwort die richtige nennen.] Gut, also die allermeisten Wörter schreiben wir klein, einige schreiben wir aber groß. Wisst ihr noch, woran ihr diese Wörter erkennen könnt? [Antworten lassen.] Richtig, wenn wir „der“, „die“, das“ vor das Wort setzen können, schreiben wir das Wort groß. Und alle Dinge, die wir anfassen können, und Namen schreiben wir auch groß. Nicht alle, aber manche Wörter haben eine Endung, die euch sagt, dass ihr dieses Wort groß schreiben müsst. Ihr müsst nur genau hinsehen oder -hören. Diese Endungen heißen „ung“, „heit“, „keit“, „schaft“, „lein“, „chen“. Das Wort „Aufregung“ [auf Folie Ü321 aufdecken] wird groß geschrieben und ihr könnt „ung“ am Wortende hören. Sagt alle einmal deutlich „Aufregung“. Hört ihr, dass das Wort auf „ung“ endet? Das Wort „Dunkelheit“ [auf Folie Ü321 aufdecken] wird auch groß geschrieben, und ihr könnt „heit“ am Wortende hören. Sagt alle einmal deutlich „Dunkelheit“. Hört ihr, dass das Wort auf „heit“ endet? [In gleicher Weise die übrigen Substantivendungen einführen: „Ähnlichkeit“ mit „keit“ am Wortende; „Freundschaft“ mit „schaft“ am Wortende; „Männlein“ mit „lein“ am Wortende und „Männchen“ mit „chen“ am Wortende.]*
- Schreibübung: Arbeitsblatt Ü321 austeilen (alternativ ins Schreibheft schreiben lassen) und die Wörter aus Tabelle A45 (Zeile Ü321) diktieren. Die Kinder sollen in ihrem Schreibheft (bzw. wahlweise auf dem Arbeitsblatt) die Wörter jeweils unter die passenden Substantivendungen <ung>, <heit>, <keit>, <schaft>, <lein> und <chen> schreiben (diese stehen als Überschriften auf dem Arbeitsblatt). Zur Lösungskontrolle Folie Ü321 verwenden.
  - *Nehmt bitte das Arbeitsblatt, das ich euch ausgeteilt habe (alternativ: Öffnet bitte euer Schreibheft). Dort seht ihr die Endungen, die ihr euch merken sollt, schon vorgedruckt. Wir wollen nun ein paar Wörter darunter schreiben. Wie ihr seht, steht da „Männchen“ und „Männlein“. Beide Wörter bedeuten das Gleiche. Wir verwenden die Endungen „chen“ und „lein“ oft, wenn wir etwas niedlicher oder kleiner machen wollen. Also ein „Männchen“ oder ein „Männlein“ ist ein kleiner Mann, und ein „Blümchen“ oder ein „Blümlein“ ist eine kleine Blume, wie ein Gänseblümchen. Das Wort „Blume“ oder das Wort „Mann“ kann man in beiden Fällen noch sehen.*

Es empfiehlt sich, die Substantivendungen in der darauffolgenden Stunde zu wiederholen, indem die Kinder gefragt werden, an welchen Endungen sie Substantive erkennen können (bzw. woran sie erkennen können, ob ein Wort groß geschrieben wird) und indem die Kinder Beispiele für Wörter suchen.

Wir haben in den letzten Stunden gelernt, dass wir bei manchen Wörtern erkennen können, ob sie groß geschrieben werden, wenn wir darauf achten, auf welche Laute die Wörter enden. Welche Endungen haben wir denn kennengelernt? [Kinder antworten lassen, ggf. Hilfestellung geben.]: „ung“, „heit“, „keit“, „schaft“, „lein“, „chen“. Könnt ihr mir auch Wörter nennen, die diese Endungen haben? [Jedes Kind sollte mindestens einmal antworten.] Zum Beispiel: „Achtung“, „Dunkelheit“, „Möglichkeit“, „Freundschaft“, „Männlein“, „Männchen“.

Ü322 Mannschaftsspiel „Endungen heraushören“

➔ Tabelle A45 (Zeile Ü322) verwenden!

Durchführung: Die Kinder werden in zwei Mannschaften aufgeteilt. Es wird eine Geschichte vorgelesen (siehe Tabelle A45, Zeile Ü322), bei der Wörter mit den Substantivendungen <ung>, <heit>, <keit>, <schaft> und <chen> vorkommen. Die Kinder sollen „stopp“ rufen, sobald sie ein solches Wort hören. Wer bei einem Wort zuerst „stopp“ ruft und die richtige Antwort nennt, bekommt einen Punkt.

Ich teile euch jetzt in zwei Mannschaften auf. [Kinder aufteilen.] Ich lese euch jetzt eine kleine Geschichte vor. In der Geschichte kommen auch Wörter mit den Endungen „ung“, „heit“, „keit“, „schaft“ und „chen“ vor. Sobald

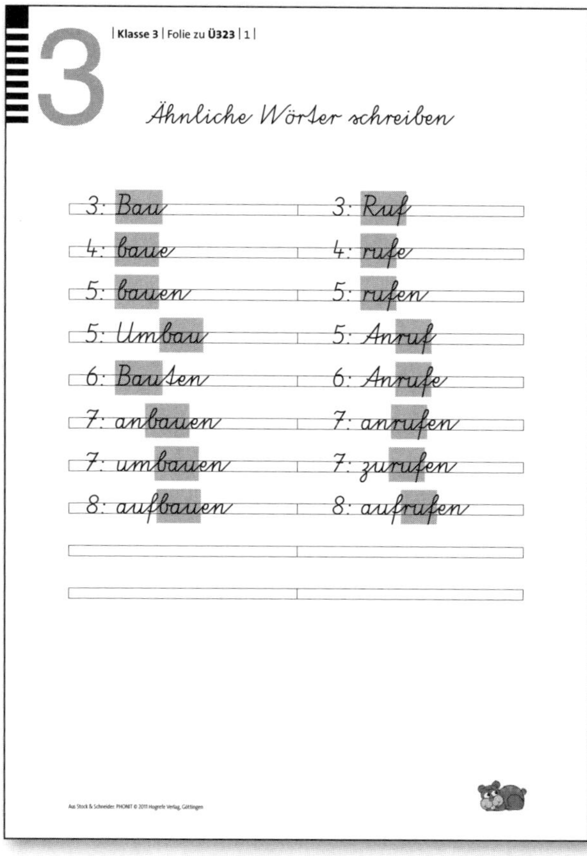

Abbildung 19: *Beispielfolie für Wortstammübungen (Ü323 für Klasse 3, Seite 1)*

Abbildung 20: *Beispielfolie für Wortstammübungen (Ü323 für Klasse 3, Seite 2)*

ihr so ein Wort hört, ruft ihr „stopp". Die Gruppe, die am schnellsten war, bekommt einen Punkt. Wenn ihr aber an der falschen Stelle ruft, wird euch ein Punkt abgezogen. [An der Tafel Punkte anmalen bzw. streichen.] Die Gruppe mit den meisten Punkten gewinnt. Also strengt euch an und hört genau zu. Habt ihr alles verstanden? Also gut ... [Am Ende Punkte zusammenzählen und Minuspunkte abziehen.]

7.8 Allgemeine Wortstammübungen (Ü323 und Ü324)

Ziel der nachfolgenden Übungen ist es, das Prinzip des Wortstamms im orthografischen Kontext anwenden zu können. Der Zeitbedarf pro Übung beträgt etwa fünf bis fünfzehn Minuten. Die Aufgaben sind für die Klassenstufen 1 bis 3 geeignet. Für beide Übungen stehen Arbeitsblätter und Folien zur Verfügung (siehe Abbildungen 19 und 20). Es werden ein Overheadprojektor und eine Tafel benötigt.

Ü323 Einführung mit Schreibübung

➔ Tabelle A46 verwenden!

➔ Arbeitsblätter Ü323 (3 Seiten) verwenden!

➔ Folien Ü323 (3 Seiten) verwenden!

Durchführung: Im Unterrichtsgespräch werden gemeinsam mit den Kindern Wörter gesucht, die einen gemeinsamen Wortstamm haben (<bau> und <ruf>). Dabei ist jeweils die Anzahl der Buchstaben vorgegeben, die das neue Wort haben darf. Dazu wird die erste Seite der Arbeitsblätter Ü323 ausgeteilt (alternativ kann ins Schreibheft geschrieben werden) und die erste Seite der Folien Ü323 aufgelegt. Auf der Folie wird die Ziffer drei sowie das Wort „Bau" aufgedeckt. Wenn die Kinder ein Wort erraten haben, sollen sie das Wort jeweils in ihr Heft schreiben.

Vorschlag zur Wortwahl:
Schaut bitte nach vorn an die Wand. Dort seht ihr in der oberen Zeile erst eine drei und daneben das Wort „Bau" stehen. Seht ihr das? Die drei vor dem Wort „Bau" bedeutet, dass es aus drei Buchstaben besteht: <b>, <a> und <u>. Unter der drei steht eine vier. Wir suchen jetzt ein Wort, das mit dem Wort „Bau" verwandt ist, aber aus vier Buchstaben besteht. Das wäre zum Beispiel das Wort „baue", wie „ich baue". [<baue> auf der Overheadfolie aufdecken.] Sprecht bitte jetzt alle noch einmal das Wort „Bau" und dann das Wort „baue". In beiden Wörtern ist /bau/ ganz deutlich zu hören. Merkt ihr das? Außerdem bezeichnen die beiden Wörter auch Ähnliches: „ich baue" ist etwas, was ich tue, und der „Bau" ist das Ergebnis. Deshalb werden beide Wörter auch ähnlich ge-

schrieben: In beiden Wörtern finden wir die Silbe <bau>. Sie ist deshalb auch in beiden Wörtern hervorgehoben. So können wir sie nicht nur hören – „Bau" und „baue" – sondern auch sehen. Nehmt bitte das Arbeitsblatt (alternativ: Öffnet jetzt bitte eure Hefte). Dort seht ihr auch die drei und das Wort „Bau". Unter der drei seht ihr die vier und daneben ist eine freie Zeile. Dort schreibt ihr bitte das Wort „baue", so wie ihr es an der Wand seht. Und unterstreicht in beiden Wörtern die Silbe <bau>. Unter der vier seht ihr die Zahl fünf. Wir suchen also jetzt ein Wort, das auch mit dem Wort „Bau" verwandt ist, aber fünf Buchstaben hat. [Kinder raten lassen, falls keine Antwort kommt, selbst das Wort „bauen" nennen.] Wenn wir an das Wort „baue" noch ein <n> anhängen, erhalten wir das Wort „bauen" [aufdecken]. Auch hier können wir die Silbe „bau" hören [alle sollen „bauen" sagen] und sehen, denn <bau> ist wieder im Wort hervorgehoben. Schreibt jetzt in eurem Übungsheft neben die fünf das Wort „bauen" und unterstreicht die Silbe <bau>. Es gibt aber noch andere Wörter, welche die Silbe <bau> und fünf Buchstaben haben. [Bis „aufbauen" so fortfahren und dann mit <ruf> usw. weitermachen.]

Als Hausaufgabe kann den Kindern Seite 2 und 3 der Arbeitsblätter Ü323 ausgehändigt werden. Darauf ist jeweils ein Baum abgebildet. Die Kinder sollen zu Hause alle in der Stunde gesammelten Wörter in die Baumkrone schreiben.

Vorschlag zur Wortwahl für die Hausaufgabe:
Seht bitte die Arbeitsblätter an, die ich euch ausgeteilt habe. Dort sehr ihr zwei Bäume. In dem einen ist die Silbe <bau> und in dem anderen die Silbe <ruf> schon vorgedruckt. Seht ihr das? Wir haben ja eben immer diese beiden Silben unterstrichen, weil sie in allen Wörtern der Wortgruppe vorkamen. Man nennt diese Silben auch Stammsilben, deshalb haben wir sie in den Baumstamm gedruckt. Eure Hausaufgabe ist nun, in die Krone die Wörter zu schreiben, die wir vorhin aufgeschrieben haben. Damit ihr wisst, wie das dann aussehen soll, zeige ich euch das hier. [Seiten 2 und 3 der Folie Ü323 auflegen.]

Ü324 Wiederholung

➔ Tabelle A46 verwenden!

➔ Arbeitsblätter Ü324 (3 Seiten) verwenden!

➔ Folien Ü324 (3 Seiten) verwenden!

Durchführung: Im Unterrichtsgespräch werden gemeinsam mit den Kindern Wörter gesucht, die einen gemeinsamen Wortstamm haben (<red> und <mal>). Dabei ist jeweils die Anzahl der Buchstaben vorgegeben, die das neue Wort haben darf. Dazu wird die erste Seite der Arbeitsblätter Ü324 ausgeteilt (alternativ kann ins Schreibheft geschrieben werden) und die erste Seite der Folien Ü324 aufgelegt. Die Übung wird dann auf gleiche Weise wie Übung Ü323 durchgeführt.

7.9 Silbendiktate (Ü325 bis Ü333)

➔ Tabelle A47 verwenden!

Die nachfolgenden Übungen sollen helfen, typische Fehlerschwerpunkte zu reduzieren. Der Zeitbedarf beträgt pro Übung ungefähr fünf bis fünfzehn Minuten.

Durchführung: Die Aufgaben Ü325 bis Ü333 werden alle in gleicher Weise durchgeführt: Es werden einzelne Wörter diktiert, die aus einer ansteigenden Anzahl von Buchstaben bestehen (drei bis maximal elf Buchstaben). Die Kinder sollen die Wörter, die aus der gleichen Anzahl von Buchstaben bestehen, jeweils in eine Zeile schreiben (beginnend mit drei). Diese Übung kann wiederholt durchgeführt werden. Es stehen insgesamt neun Wortlisten zur Verfügung (siehe Tabelle A47). Je nach Fehlerschwerpunkt sucht sich die Lehrerin die passende Liste aus.

Vorschlag zur Wortwahl:
Wir schreiben jetzt ein Diktat. Das ist ein ganz besonderes Diktat. Wir fangen in der ersten Zeile an und schreiben Wörter mit drei Buchstaben auf, in der zweiten Zeile Wörter mit vier Buchstaben, in der dritten Zeile Wörter mit fünf Buchstaben und so weiter. Wollen wir mal schauen, wie weit wir es schaffen?

7.10 Diktate (Ü334 bis Ü337)

➔ Tabelle A48 verwenden!

➔ Folien Ü334 bis Ü337 verwenden!

Die nachfolgenden Übungen sollen helfen, Fließtexte mit Wörtern unterschiedlicher Schwierigkeit schreiben zu lernen. Der Zeitbedarf beträgt pro Übung ungefähr fünf bis fünfzehn Minuten.

Durchführung: Die Aufgaben Ü334 bis Ü337 werden alle in gleicher Weise durchgeführt: Es werden kurze Texte diktiert, die die Kinder in ihr Schreibheft schreiben sollen. Zur Lösungskontrolle können die Folien Ü334 bis Ü337 verwendet werden.

Vorschlag zur Wortwahl:
Wir schreiben jetzt (wieder) eine kleine Geschichte auf. Es sind nur wenige Sätze. Nach jedem Satz vergleichen wir, ob ihr die Wörter richtig geschrieben habt. Und wenn

Fehler auftreten, ist das nicht schlimm, denn daran können wir sehen, was wir noch üben müssen. Ich lese den Satz erst einmal ganz vor und diktiere dann jedes Wort einzeln. Überlegt gut, welche Laute bzw. Buchstaben in den Wörtern vorkommen, und denkt daran, die Wörter erst in Silben und dann in Laute zu unterteilen, so wie wir das immer geübt haben. [Bei allen fehlerhaften Wörtern die Problemstellen nochmals durchgehen.]

Kapitel 8: Leseübungen

Ziel der nachfolgenden Übungseinheiten ist es, dass die Kinder die Verbindung zwischen Buchstaben und Lauten durch Lesen üben. Die beschriebenen Aufgaben eignen sich als kurze Vertiefungsübungen in entsprechenden Trainingsstunden. Bei den Übungen werden einfache Kenntnisse in Buchstabe-Laut-Verbindungen vorausgesetzt. Der Zeitbedarf pro Übung beträgt ungefähr fünf bis fünfzehn Minuten. Es wird ein Overheadprojektor benötigt.

8.1 Wörter lesen (Ü338 bis Ü339)

Die Aufgaben Ü338 und Ü339 sind für die Klassenstufen 1 bis 3 geeignet.

Ü338 Einfache Leseübung

➔ Tabelle A49 (Anhang) verwenden!
➔ Arbeitsblätter Ü338 (2 Seiten) verwenden!
➔ Folien Ü338 (2 Seiten) verwenden!

Durchführung: Gemeinsam die Wörter auf Folie Ü338 lesen. Dabei sollte Wort für Wort gelesen und die Wörter nacheinander auf der Folie aufgedeckt werden. Die Aufgabe kann auch als Hausaufgabe gegeben werden (dafür das Arbeitsblatt Ü338 austeilen).

Wir werden jetzt etwas lesen. Ich werde euch immer erst den ersten Buchstaben des Wortes zeigen, dann noch einen und noch einen, bis wir das gesamte Wort gelesen haben. Wir machen das einmal an einem Beispiel: [Beispielwort „nun"]. [Buchstaben nacheinander aufdecken. Ab zweitem Buchstaben erst Buchstaben benennen und dann mit den übrigen Buchstaben/Lauten zusammenschleifen lassen.] Gut habt ihr das gemacht, wir versuchen das jetzt an weiteren Wörtern. [Jedes Kind ein anderes Wort lesen lassen. Bei Schwierigkeiten Hilfestellung möglichst durch andere Kinder geben lassen: „Wer kann helfen?" Das stärkt die Kompetenz und das Selbstvertrauen.]

Ü339 Kombinierte Lese- und Schreibübung

➔ Tabelle A49 (Anhang) verwenden!
➔ Folien Ü338 (2 Seiten) verwenden!

Durchführung: Die Kinder sollen die gerade gelesenen Wörter (siehe Ü338) in ihr Schreibheft schreiben. Dabei sollen sie im Training erlernte Hilfstechniken (z. B. Silbenschwingen) anwenden. Zur Lösungskontrolle können die Folien Ü338 (2 Seiten) verwendet werden.

Die Wörter, die wir gerade gelesen haben, wollen wir jetzt auch schreiben. Alle Wörter bestehen aus einer oder mehreren Silben [vgl. Tabelle A49]. Weiß denn noch jemand, wie man die Silben leichter erkennen kann? Ja, wir können die Silben durch Silbenschwingen oder Silbenrufen erkennen. Also versucht erst einmal mit dem Silbenschwingen die Wörter in Silben zu unterteilen, dann überlegt, welche Laute darin vorkommen. Die Laute können wir dann aufschreiben, wie wir das bereits in den letzten Stunden gemacht haben.

8.2 Sätze lesen (Ü340)

Die Aufgabe Ü340 ist für die Klassenstufe 1 geeignet.

➔ Tabelle A49 (Anhang) verwenden!
➔ Folie Ü340 verwenden!

Durchführung: Folie Ü340 auflegen. Gemeinsam mit den Kindern Wort für Wort lesen. Die Aufgabe sollte im Anschluss an die Übungen Ü338 oder Ü339 durchgeführt werden.

Ich zeige euch jetzt immer einzelne Wörter, die wir langsam lesen wollen und die dann kurze Sätze ergeben.

Kapitel 9: Leitfäden zur selbständigen, themenzentrierten Lektionengestaltung

Auf den folgenden Seiten finden sich in tabellarischer Übersicht Leitfäden als Anregung, wie themenzentrierte Lektionen gestaltet werden können. Dabei wird von einfachen zu schwierigeren Rechtschreibproblemen vorgegangen.

Es werden für jede 45-minütige Übungsstunde verschiedene Aufgabentypen aufgeführt und kombiniert. Zur schnellen Orientierung sind die Übungsnummern, unter denen die Aufgaben zu finden sind, aufgelistet und durch die ungefähre Dauer in Minuten (min) der Durchführung ergänzt. So lassen sich die Instruktionen für die einzelnen Aufgaben problemlos und schnell finden und kombinieren. Zusätzlich ist vermerkt, für welche Klassenstufen die Empfehlung gilt.

Natürlich können die Lektionen auch abweichend von den Empfehlungen gestaltet werden. Die folgenden Seiten sind vielmehr als Anregung zu verstehen.

Es finden sich Leitfäden für folgende Themen:

- Vokale und die Konsonanten M, N, R und L (Tabelle 5)
- Zwielaute und Umlaute (Tabelle 6)
- Zischlaute (Klassenstufe 1) (Tabelle 7)
- Zischlaute (Klassen 2–3) (Tabelle 8)
- <ch>, <h> und <j> (Tabelle 9)
- Plosivlaute (Klassenstufe 1) (Tabelle 10)
- Plosivlaute (Klassen 2–3) (Tabelle 11)
- Auslautverhärtung (Klassen 2–3) (Tabelle 12)
- <sp> und <st> (Tabelle 13)
- <v>, <w> und <qu> (Tabelle 14)
- Konsonantendopplung (Klassen 2–3) (Tabelle 15)
- Dehnungs-h und <ie>-Schreibung (Klassenstufe 3) (Tabelle 16)
- Substantivendung (Klassenstufe 3) (Tabelle 17)

Tabelle 5: *Vorschlag für Lektionengestaltung zu Vokalen und den Konsonanten M, N, R und L (Klassenstufe 1-3)*

Übungskapitel	Klasse	1. Stunde Übung (min)	2. Stunde Übung (min)	3. Stunde Übung (min)	4. Stunde Übung (min)	5. Stunde Übung (min)
Buchstabe-Laut-Verbindungen: Einführung	Kl. 1-3	Ü1-Ü5 (25)	Ü13-Ü14 (10)	Ü15-Ü16 (10)		
Buchstabe-Laut-Verbindungen: Wiederholung	Kl. 1-3		Ü33-Ü37 (10)	Ü45-Ü46 (5)	Ü47-Ü48 (5)	
Laute erkennen	Kl. 1-3	Ü86 Ü93 Ü103 Ü108 Ü116 (insgesamt 20 min)		Ü102 (5) Ü124 (5)	Ü88 (5)	Ü94 Ü95 Ü104 Ü105 (insgesamt 15 min)
Schreibübungen	Kl. 1			Ü66 (10)	Ü67 (10)	Ü338 (a) (10)
	Kl. 2-3			Ü68 (10)	Ü69 (10)	Ü338 (a) (10)
Leseübungen	Kl. 1-3					Ü339 (a) (5)
Phonemanalyse	Kl. 1-3				Ü193 (5)	
Inselspiel	Kl. 1-3		Ü134-Ü136 (5)	Ü137-Ü138 (5)	Ü152-Ü156 (10)	Ü161 Ü163 Ü165 Ü167 (insgesamt 10 min)
Hamsterspiel	Kl. 1-3		Ü260 (20)			
Schlangenspiel	Kl. 1-3			Ü232 (5)	Ü233 (10)	Ü234 (5)

Tabelle 6: *Vorschlag für Lektionengestaltung zu Zwielauten und Umlauten (Klassenstufe 1-3)*

Übungskapitel	1. Stunde Übung (min)	2. Stunde Übung (min)	3. Stunde Übung (min)	1. Stunde Übung (min)	2. Stunde Übung (min)	3. Stunde Übung (min)	4. Stunde Übung (min)
	Klassenstufe 1			Klassenstufe 2-3			
Buchstabe-Laut-Verbindungen	Ü9 (10) Ü10 (10)			Ü6 (5) Ü7 (5) Ü8 (5)	Ü9 (5) Ü10 (5) Ü11 (5)	Ü12 (10)	
Wiederholung Buchstabe-Laut-Verbindungen		Ü41-Ü42 (10)	Ü41-Ü42 (10)		Ü38-Ü40 (10)	Ü41-Ü43 (10)	Ü41 (5) Ü44 (10)
Laute erkennen	Ü118 (5) Ü126 (5)	Ü118 (5) Ü126 (5)	Ü118 (5) Ü126 (5)	Ü87 (5) Ü117 (5) Ü125 (5)			Ü118 (5) Ü126 (5)
Schreibübungen	Ü70 (5) Ü71 (5)	Ü 325 (5)	Ü 327 (15)		Ü72 (10)		
Leseübung		Ü 325 (5)	Ü 327 (5)				
Inselspiel		Ü158 (5)	Ü 158 (5)				Ü159 (5)
Hamsterspiel						Ü267 (20)	
Schlangenspiel	Ü232 (5)			Ü248 (15)	Ü242 (10)	Ü243 (5)	Ü237 (15)

Tabelle 7: *Vorschlag für Lektionengestaltung zu Zischlauten (Klassenstufe 1)*

Übungskapitel	1. Stunde Übung (min)	2. Stunde Übung (min)	3. Stunde Übung (min)	4. Stunde Übung (min)	5. Stunde Übung (min)	6. Stunde Übung (min)	7. Stunde Übung (min)
	Klassenstufe 1						
Buchstabe-Laut-Verbindungen	Ü17 (5) Ü18 (5)	Ü19 (5) Ü20 (5)					
Wiederholung Buchstabe-Laut-Verbindungen		Ü49 (5) Ü50 (5)	Ü49 (5) Ü50 (5) Ü51 (5) Ü52 (5)		Ü49 (5) Ü50 (5) Ü51 (5) Ü52 (5)		Ü49 (5) Ü50 (5) Ü51 (5) Ü52 (5)
Laute erkennen	Ü90 (5)	Ü91 (5)	Ü96 (5)	Ü106 (5)		Ü121 (5) Ü129 (5)	
Phonemsynthese und -analyse			Ü182 (5)			Ü195f. (5)	
Leseübungen				Ü338 (b) (10)		Ü340 (10)	
Schreibübungen	Ü73 (10)	Ü74 (10)		Ü339 (b) (15)		Ü339 (b) (10)	Ü316 (20)
Inselspiel		Ü139 (5) Ü140 (5)	Ü141 (5)		Ü160 (5)	Ü162 (5) Ü164 (5)	Ü166 (5)
Hamsterspiel	Ü262 (20)				Ü266 (20)		
Schlangenspiel			Ü235 (10)	Ü237 (15)			

Tabelle 8: *Vorschlag für Lektionengestaltung zu Zischlauten (Klassenstufe 2-3)*

Übungskapitel	1. Stunde Übung (min)	2. Stunde Übung (min)	3. Stunde Übung (min)	4. Stunde Übung (min)	5. Stunde Übung (min)
	Klassenstufe 2-3				
Buchstabe-Laut-Verbindungen	Ü17-Ü20 (20)				
Wiederholung Buchstabe-Laut-Verbindungen		Ü49-Ü52 (10)	Ü49-Ü52 (10)		Ü49-Ü52 (10)
Laute erkennen			Ü90 (5) Ü96 (5)	Ü106 (5) Ü111 (5)	Ü121 (5) Ü129 (5)
Phonemsynthese		Ü182 (5)			
Leseübung		Ü338 (b) (10)			
Schreibübungen	Ü75 (10)		Ü339 (b) (10)		Ü316 (20)
Inselspiel	Ü139-Ü141 (10)		Ü139-Ü141 (10)		Ü150 (5)
Hamsterspiel		Ü268 (20)		Ü266 (20)	
Schlangenspiel	Ü235 (5)		Ü246 (5)	Ü237 (15)	

***Tabelle 9:** Vorschlag für Lektionengestaltung zu <ch>, <h> und <j> (Klassenstufe 1-3)*

Übungskapitel	ch			h und j	
	1. Stunde **Übung (min)**	**2. Stunde** **Übung (min)**	**3. Stunde** **Übung (min)**	**1. Stunde** **Übung (min)**	**2. Stunde** **Übung (min)**
	Klassenstufe 1–3			Klassenstufe 1–3	
Buchstabe-Laut-Verbindungen	Ü21 (10)			Ü28 (5) Ü29 (5)	
Wiederholung Buchstabe-Laut-Verbindungen		Ü53 (10)	Ü65+Ü53 (10)	Ü35 (5)	Ü60 (5) Ü61 (5)
Laute erkennen	Ü113 (5)	Ü123 (5)	Ü113 (5)		
Schreibübungen	Ü81 (15)	Ü316 (20)		Ü82 (10)	Ü83 (10)
Wortumkehr		Ü207f. (10)	Ü207f. (10)		
Inselspiel			Ü168 (5)	Ü154 (5)	Ü148 (10)
Schlangenspiel	Ü236 (15)		1. Klasse: Ü236 (15) 2–3. Klasse: Ü248 (15)	Ü239 (15)	Ü240 (15)

Tabelle 10: *Vorschlag für Lektionengestaltung zu den Plosivlauten P/B, T/D, K/G (Klassenstufe 1)*

Übungskapitel	1. Stunde Übung (min)	2. Stunde Übung (min)	3. Stunde Übung (min)	4. Stunde Übung (min)	5. Stunde Übung (min)	6. Stunde Übung (min)	7. Stunde Übung (min)
	Klassenstufe 1						
Buchstabe-Laut-Verbindungen	Ü22 (5) Ü23 (10)	Ü24 (5) Ü25 (10)		Ü26 (5) Ü27 (10)			
Wiederholung Buchstabe-Laut-Verbindungen			Ü54-Ü57 (20)		Ü64 (15)		Ü64 (15)
Laute erkennen			Ü92 (5) Ü97 (5)		Ü112 (10)	Ü122 (5) Ü130 (5)	
Phonemsynthese					Ü186 (5)	Ü187 (5) Ü188 (5)	
Wortumkehr						Ü211-Ü214 (5)	
Schreibübungen	Ü76 (10)	Ü77 (10)		Ü78 (10)		Ü 326 (10)	Ü327 (20)
Inselspiel			Ü142ff. (5)			Ü142ff. (10)	
Hamsterspiel	Ü263 (20)	Ü264 (20)		Ü265 (20)			
Schlangenspiel			Ü238 (10)		Ü240 (15)		Ü238 (10)

Tabelle 11: *Vorschlag für Lektionengestaltung zu Plosivlauten (Klassenstufe 2-3)*

Übungskapitel	1. Stunde Übung (min)	2. Stunde Übung (min)	3. Stunde Übung (min)	4. Stunde Übung (min)	5. Stunde Übung (min)	6. Stunde Übung (min)	7. Stunde Übung (min)
				Klassenstufe 2-3			
Buchstabe-Laut-Verbindungen	Ü22 (5) Ü23 (10) Ü24 (5) Ü25 (10)		Ü26 (5) Ü27 (10)				
Wiederholung Buchstabe-Laut-Verbindungen		Ü54-Ü57 (20)		Ü64 (15)	Ü64 (15)		
Laute erkennen				Ü92 (5) Ü97 (5)		Ü122 (5) Ü130 (5)	
Phonemsynthese		Ü186 (5)	Ü187 (5)			Ü188 (5)	
Wortumkehr				Ü211-Ü214 (5)			Ü211-Ü214 (5)
Schreibübungen	Ü79 (10)		Ü80 (10)			Ü 326 (10)	Ü327 (20)
Inselspiel	Ü142ff. (5)	Ü142ff. (5)			Ü142ff. (5)		Ü142ff. (5)
Hamsterspiel		Ü269 (15)	Ü271 (15)		Ü270 (15)	Ü272 (10)	
Schlangenspiel				Ü244 (15)	Ü238 (10)	Ü246 (10)	Ü248 (15)

Tabelle 12: *Vorschlag für Lektionengestaltung zur Auslautverhärtung (Klassenstufe 2-3)*

Übungskapitel	1. Stunde Übung (min)	2. Stunde Übung (min)	3. Stunde Übung (min)	4. Stunde Übung (min)	5. Stunde Übung (min)	6. Stunde Übung (min)
	Klassenstufe 2-3					
Buchstabe-Laut-Verbindungen	Ü22 (10) Ü23 (10)	Ü24 (10) Ü25 (10)	Ü26 (10) Ü27 (10)			
Wiederholung Buchstabe-Laut-Verbindungen		Ü54 (5) Ü55 (5)	Ü56 (5) Ü57 (5)	Ü64 (15)		
Auslautverhärtung				Ü300 (15) Ü301 (15)	Ü304 Ü302 Ü303 (insgesamt 35 min)	Ü304 Ü305 Ü306 (insgesamt 15 min)
Schreibübungen		Ü79 (15)	Ü80 (15)			Ü328 (20)
Inselspiel	Ü171 Ü174 (insgesamt 5 min)					
Hamsterspiel	Ü269 (20)					
Schlangenspiel					Ü259 (10)	Ü260 (10)

Tabelle 13: *Vorschlag für Lektionengestaltung zu <sp> und <st>*

Achtung*: Die Zisch- und Plosivlaute sollten zuvor eingeführt worden sein.*

Übungskapitel	1. Stunde Übung (min)	2. Stunde Übung (min)	3. Stunde Übung (min)	4. Stunde Übung (min)	5. Stunde Übung (min)	6. Stunde Übung (min)	7. Stunde Übung (min)
	Klassenstufe 2-3						
Wiederholung Buchstabe-Laut-Verbindungen	Ü49 (5) Ü54 (5) Ü56 (5)	Ü50 (5) Ü54 (5) Ü56 (5)		Ü50 (5) Ü54 (5) Ü56 (5)		Ü50 (5) Ü54 (5) Ü56 (5)	
sp/st in der Wortmitte	Ü307 (5)						
sp/st am Wortanfang		Ü310 (5) Ü311 (5)	Ü314 (10)	Ü315 (10)	Ü317 (10)	Ü316 (15)	
Laute erkennen			Ü98 (10)		Ü98 (10)		Ü98 (10)
Leseübungen	Ü308 (5)	Ü312 (5)					
Schreibübungen	Ü309 (15)	Ü313 (15)			Ü 317 (20)		
Inselspiel			Ü149f. (5)				Ü149f. (10)
Phonemsynthese	Ü189 (5)						Ü189 (5)
Phonemvertauschung					Ü204 (5)		
Hamsterspiel			Ü273 (20)	Ü274 (20)			Ü275 (20)
Schlangenspiel						Ü244 (15)	

Tabelle 14: *Vorschlag für Lektionengestaltung zu <v>, <w> und <qu>*

Übungskapitel	v und w			qu		
	1. Stunde Übung (min)	2. Stunde Übung (min)	3. Stunde Übung (min)	1. Stunde Übung (min)	2. Stunde Übung (min)	3. Stunde Übung (min)
	Klassenstufe 2-3			Klassenstufe 3		
Buchstabe-Laut-Verbindung	Ü30 (10) Ü31 (5)			Ü26 (5) Ü30 (5)	Ü32 (5)	Ü32 (5)
Wiederholung Buchstabe-Laut-Verbindungen	Ü52 (5)	Ü62 (5) Ü63 (5)			Ü58 (5) Ü62 (5)	
Verbindung Dehnungs-h						Ü296 (5)
Laute erkennen				Ü101 (5)		
Schreibübungen		Ü318 (30)	Ü 319 (25)			
Phonemsynthese				Ü188 (5)	Ü189 (5)	
Inselspiel			Ü151 (5)	Ü147 (5) Ü151 (5)	Ü173 (5)	
Hamsterspiel	Ü279 (20)			Ü271 (15)	Ü286 (20)	Ü285 (20)
Schlangenspiel	Ü254 (5)	Ü257 (5)	Ü255f. (15)			Ü258 (15)

***Tabelle 15:** Vorschlag für Lektionengestaltung zur Konsonantendopplung (Klassenstufe 2-3)*

Übungskapitel	Klasse	1. Stunde Übung (min)	2. Stunde Übung (min)	3. Stunde Übung (min)	4. Stunde Übung (min)	5. Stunde Übung (min)	6. Stunde Übung (min)
Vokallänge	2+3	Ü225 (5) Ü226 (10)	Ü227 (5)		Ü229 (5) Ü230 (5)		
Konsonantendopplung allgemein	2	Ü287 (30)	Ü288 (20)	Ü289 (20)	Ü288 (15)		
	3	Ü287 (30)	Ü288 (20)	Ü289 (20)			
Konsonantendopplung Wortende	3				Ü290 (15)		
Konsonantendopplung ck	3					Ü291 (25)	
Konsonantendopplung tz	3						Ü292 (25)
Hamsterspiel	2		Ü276 (20)	Ü277 (20)			
	3		Ü276 (20)	Ü277 (20)		Ü280 (10) Ü281 (10)	Ü282 (10) Ü283 (10)
Schlangenspiel	2			Ü 249f. (5)			
	3			Ü249f. (5)	Ü251f. (5)		

Tabelle 16: *Vorschlag für Lektionengestaltung zum Dehnungs-h und der ie-Schreibung (Klassenstufe 3)*

Übungskapitel	Dehnungs-h				ie-Schreibung		
	1. Stunde Übung (min)	2. Stunde Übung (min)	3. Stunde Übung (min)	4. Stunde Übung (min)	1. Stunde Übung (min)	2. Stunde Übung (min)	3. Stunde Übung (min)
	Klassenstufe 3						
Vokallänge		Ü225 (5) Ü226 (10)	Ü227 (5) Ü228 (5)			Ü229 (5) Ü230 (5)	Ü229 (5) Ü230 (5)
Mitlaut -h-	Ü28 (10)	Ü60 (5)					
Selbstlaut -i-					Ü5 (10)		
Einfache Laute schreiben	Ü82 (10)				Ü68 (15)		
Dehnungs-h		Ü293 (5) Ü294 (5) Ü295 (15)	Ü296 (5) Ü297 (10)	Ü298 (25)			
ie-Schreibung						Ü299 (35)	Ü299 (5) (Nur Zusammenfassung)
Schreibübungen							337 (20)
Hamsterspiel			Ü284 (20)	Ü285 (20)			
Schlangenspiel	Ü241 (15)				Ü233 (10)		Ü256 (10)
Inselspiel	Ü154 (10)				Ü154 (10)		

Tabelle 17: *Vorschlag für Lektionengestaltung zu Substantivendungen (Klassenstufe 3)*

Übungskapitel	1. Stunde Übung (min)	2. Stunde Übung (min)	3. Stunde Übung (min)	4. Stunde Übung (min)
	Klassenstufe 3			
Einführung und Schreibübung	Ü321 (35)	Ü321 (10) (Nur Wiederholung)	Ü321 (10) (Nur Wiederholung)	Ü321 (10) (Nur Wiederholung)
		Ü333 (20)		
Leseübung		Ü322 (15)	Ü322 (15)	Ü322 (15)
Silbenschwingen	Ü224 (10)		Ü224 (10)	
Inselspiel				Ü175f. (10)
Schlangenspiel			Ü257 (10)	Ü255 (10)

Literaturverzeichnis

Barth, K. & Gomm, B. (2004). *Gruppentest zur Früherkennung von Lese- und Rechtschreibschwierigkeiten (PB-LRS).* München: Reinhardt.

Bradley, L. & Bryant, P.E. (1983). Categorizing sounds and learning to read: A causal connection. *Nature, 301,* 419–421.

Bradley, L. & Bryant, P.E. (1985). *Rhyme and reason in reading and spelling.* Ann Arbor: University of Michigan Press.

Bruck, M. (1992). Persistence of dyslexics' phonological awareness deficits. *Developmental Psychology, 28,* 874–886.

Bryant, P.E., Bradley, L., MacLean, M. & Crossland, J. (1989). Nursery rhymes, phonological skills, and reading. *Journal of Child Language, 16,* 407–428.

Castles, A. & Coltheart, M. (1993). Varieties of developmental dyslexia. *Cognition, 47,* 149–180.

Coltheart, M. (1978). Lexical access in simple reading tasks. In G. Underwood (Ed.), *Strategies of information processing* (pp. 151–216). London: Academic Press.

Forster, M. & Martschinke, S. (2001). *Leichter lesen und schreiben lernen mit Hexe Susi. Übungen und Spiele zur Förderung der phonologischen Bewusstheit.* Donauwörth: Auer.

Grube, D. & Hasselhorn, M. (2006). Längsschnittliche Analysen zur Lese-, Rechtschreib- und Mathematikleistung im Grundschulalter: Zur Rolle von Vorwissen, Intelligenz, phonologischem Arbeitsgedächtnis und phonologischer Bewusstheit. In I. Hosenfeld & F.-W. Schrader (Hrsg.), *Schulische Leistung: Grundlagen, Bedingungen, Perspektiven* (S. 87–105). Münster: Waxmann.

Jansen, H., Mannhaupt, G., Marx, H. & Skowronek, H. (1998). *Bielefelder Screening zur Früherkennung von Lese-Rechtschreibschwierigkeiten.* Göttingen: Hogrefe.

Klicpera, C. & Gasteiger-Klicpera, B. (1998). *Psychologie der Lese- und Schreibschwierigkeiten* (2. Aufl.). Weinheim: Beltz Psychologie Verlags Union.

Kossow, H.-J. (1972). *Zur Therapie der Lese-Rechtschreibschwäche.* Berlin: Deutscher Verlag der Wissenschaften.

Kossow, H.-J. (1991a). *Leitfaden zur Bekämpfung der Lese-Rechtschreibschwäche. Einführung und Kommentar.* Berlin: Deutscher Verlag der Wissenschaften.

Kossow, H.-J. (1991b). *Leitfaden zur Bekämpfung der Lese-Rechtschreibschwäche. Übungsbuch.* Berlin: Deutscher Verlag der Wissenschaften.

Küspert, P. (1998). *Phonologische Bewusstheit und Schriftspracherwerb.* Frankfurt: Lang.

Küspert, P. & Schneider, W. (1998). *Würzburger Leise Leseprobe (WLLP).* Göttingen: Hogrefe.

Küspert, P. & Schneider, W. (2008). *Hören, Lauschen, Lernen: Sprachspiele für Kinder im Vorschulalter – Würzburger Trainingsprogramm zur Vorbereitung auf den Erwerb der Schriftsprache* (6. Aufl.). Göttingen: Vandenhoeck & Ruprecht.

Mannhaupt, G. & Jansen, H. (1989). Phonologische Bewusstheit: Aufgabenentwicklung und Leistungen im Vorschulalter. *Heilpädagogische Forschung, 15,* 50–56.

Marx, P., Weber, J. & Schneider, W. (2005). Langfristige Auswirkungen einer Förderung der phonologischen Bewusstheit bei Kindern mit Defiziten in der Sprachentwicklung. *Die Sprachheilarbeit, 50,* 280–285.

Näslund, J.C. (1990). The interrelationships among preschool predictors of reading acquisition for German children. *Reading and Writing, 2,* 327–360.

Näslund, J.C. & Schneider W. (1993). Emerging literacy from kindergarten to second grade: Evidence from the Munich Longitudinal Study on the Genesis of Individual Competencies. In H. Grimm & H. Skowronek (Eds.), *Language aquisition problems and reading disorders: Aspects of diagnosis and intervention* (pp. 295–318). Berlin: de Gruyter.

Neubert, B. (2009). *Training phonologischer Bewusstheit bei Kindern mit Sprachstörungen.* Unveröffentlichte Diplomarbeit, Julius-Maximilians-Universität Würzburg.

Plume, E. & Schneider, W. (2004). *Hören, lauschen, lernen 2: Spiele mit Buchstaben und Lauten für Kinder im Vorschulalter – Würzburger Buchstaben-Laut-Training.* Göttingen: Vandenhoeck & Ruprecht.

Pratt, A.C. & Brady, S. (1988). Relation of phonological awareness to reading disability in children and adults. *Journal of Educational Psychology, 80,* 319–323.

Schneider, W. (1997). Rechtschreiben und Rechtschreibschwierigkeiten. In F. E. Weinert (Hrsg.), *Psychologie des Unterrichts und der Schule, Enzyklopädie der Psychologie, Serie Pädagogische Psychologie, Bd. 3* (S. 327–363). Göttingen: Hogrefe.

Schneider, W. (2008). Entwicklung der Schriftsprachkompetenz vom frühen Kindes- bis zum frühen Erwachsenenalter. In W. Schneider (Hrsg.), *Entwicklung von der Kindheit bis zum Erwachsenenalter – Befunde der Münchner Längsschnittstudie LOGIK* (S. 167–186). Göttingen: Hogrefe.

Schneider, W. & Näslund, J.C. (1999). The impact of early phonological processing skills on reading and spelling in school. In F. E. Weinert & W. Schneider (Eds.), *Individual development from 3 to 12: Findings of a longitudinal study* (pp. 126–147). New York: Cambridge University Press.

Skowronek, H. & Marx, H. (1989). The Bielefeld longitudinal study on early identification of risks in learning to read and write: Theoretical background and first results. In M. Brambring, F. Loesel & H. Skowronek (Eds.), *Children at risk: Assessment, longitudinal research, and intervention* (pp. 268–294). Berlin: de Gruyter.

Stanovich, K. E., Siegel, L. S., Gottardo, A., Chiappe, P. & Sidhu, R. (1997). Subtypes of developmental dyslexia: Differences in phonological and orthographic coding. In B. A. Blachman (Ed.), *Foundations of reading aquisition and dyslexia: Implications for early intervention* (pp. 115–139). Mahwah: Erlbaum.

Stock, C. (2005). *Über phonologische und schriftsprachliche Kompetenzen deutscher Grundschüler – Eine Bestandsaufnahme.* Hamburg: Kovač.

Stock, C. (2009). Der Zusammenhang zwischen phonologischer Bewusstheit und Leseleistung bei Grundschulkindern. In W. Lenhard & W. Schneider (Hrsg.), *Diagnostik und Förderung des Leseverständnisses* (S. 81–96). Göttingen: Hogrefe.

Stock, C., Marx, P. & Schneider, W. (2003). *Basiskompetenzen für Lese-Rechtschreibleistungen (BAKO 1-4). Ein Test zur Erfassung der phonologischen Bewusstheit vom ersten bis vierten Grundschuljahr.* Göttingen: Hogrefe.

Stock, C. & Schneider, W. (2007a). *Deutscher Rechtschreibtest für das dritte und vierte Schuljahr (DERET 3-4+).* Göttingen: Hogrefe.

Stock, C. & Schneider, W. (2008). *Deutscher Rechtschreibtest für das erste und zweite Schuljahr (DERET 1-2+).* Göttingen: Hogrefe.

Wimmer, H. & Mayringer, H. (2002). Dysfluent reading in the absence of spelling difficulties: A specific disability in regular orthographies. *Journal of Educational Psychology, 94,* 272–277.

Wimmer, H., Mayringer, H. & Landerl, K. (2000). The double-deficit hypothesis and difficulties in learning to read a regular orthographie. *Journal of Educational Psychology, 92,* 668–680.

Wolf, M. & Bowers, P. G. (1999). The double-deficit hypothesis for the developmental dyslexias. *Journal of Educational Psychology, 91,* 415–438.

Anhang: Tabellen mit Übungswörtern

Tabelle A1: *Einführungsübungen zum Erlernen der Buchstabe-Laut-Verbindungen: Instruktionen und Beispiele für Vokale (Ü1 bis Ü5)*

A *(Ü1)*	**O *(Ü2)***	**U *(Ü3)***	**E *(Ü4)***	**I *(Ü5)***
Klasse 1–3				
Eigene Mundstellung				
Der Mund ist ganz weit auf.	Der Mund ist vorn rund.	Der Mund ist vorn spitz.	Der Mund wird eher breit.	Der Mund wird auch eher breit wie beim /e/, aber die Zunge wird nach oben gegen den Gaumen und die oberen Backenzähne gedrückt.
Mundstellung Nachbar				
Seht Ihr den offenen Mund?	Seht ihr, wie rund die Lippen sind? Wie beim Buchstaben O.	Sehr ihr, wie spitz die Lippen sind?	Sehr ihr, wie breit die Lippen auseinander gezogen sind?	Seht Ihr, wie breit die Lippen auseinander gezogen werden?
Wiederholen der Mundstellung am Beispielwort				
aber Merkt ihr, wie euer Mund am Anfang ganz weit auf ist?	*Oma* Merkt ihr, wie eure Lippen am Anfang ganz rund werden?	*Uhr* Merkt ihr, wie eure Lippen am Anfang ganz spitz werden?	*Esel* Merkt ihr, wie eure Lippen am Anfang ganz breit werden?	*ihm* Merkt ihr, wie eure Lippen am Anfang breit werden und die Zunge nach oben gepresst wird?
Weitere Beispiele suchen				
Arm, ab, an, Ameise, Anton, Ananas ...	Opel, Ohr, oder, ohne, Opa, Oper, oben, Ozean ...	Uhu, Ufer, Uta, Ufo ...	ewig, Eber, Emil, er, eben, Elefant, Erde ...	Igel, Ina, Iris ...

Tabelle A2: *Einführungsübungen zum Erlernen der Buchstabe-Laut-Verbindungen: Instruktionen und Beispiele für Umlaute Ä, Ö, Ü (Ü6 bis Ü8)*

Ä *(Ü6)*	**Ö *(Ü7)***	**Ü *(Ü8)***
	Klasse 2–3	
	Eigene Mundstellung	
Der Mund ist ganz weit auf. Fast so wie beim /a/, aber etwas breiter. Und die Zunge stößt oben gegen die Backenzähne, ganz hinten.	Der Mund ist vorn rund wie beim /o/. Aber die Zunge stößt oben gegen die Backenzähne, ganz hinten.	Der Mund ist vorn spitz wie beim /u/. Aber die Zunge stößt oben wieder gegen die Backenzähne, ganz hinten.
	Mundstellung Nachbar	
Seht ihr den offenen Mund?	Seht ihr, wie rund die Lippen sind?	Seht ihr, wie spitz die Lippen sind?
	Wiederholen der Mundstellung am Beispielwort	
ähnlich Merkt ihr, wie euer Mund ganz weit auf ist und die Zunge gegen die oberen Backenzähne stößt?	*Öl* Merkt ihr, wie eure Lippen ganz rund werden und die Zunge gegen die oberen Backenzähne stößt?	*über* Wir sagen alle ganz deutlich „über“. Merkt ihr, wie eure Lippen ganz spitz werden und die Zunge gegen die oberen Backenzähne stößt?
	Weitere Beispiele suchen	
ändern, Äpfel, Ärger ...	öffnen, öfter, Ölsardine ...	üben, Übung, überhaupt ...

Tabelle A3: *Einführungsübungen zum Erlernen der Buchstabe-Laut-Verbindungen: Instruktionen und Beispiele für Zwielaute Au, Ei und Eu (Ü9 bis Ü11)*

AU *(Ü9)*	**EI *(Ü10)***	**EU *(Ü11)***
Klasse 1–3	**Klasse 1–3**	**Klasse 2–3**
	Eigene Mundstellung	
Merkt ihr, wie der Mund erst ganz weit auf ist, wie beim /a/, und zum Schluss spitz, wie beim /u/?	Merkt ihr, wie der Mund erst ganz weit auf ist, wie beim /a/, und zum Schluss breit, wie beim /i/?	Merkt ihr, wie der Mund vorne ganz rund ist, wie beim /o/, und zum Schluss breit, wie beim /i/?
	Mundstellung Nachbar	
Seht ihr, wie sich der Mund vom /a/ zum /u/ bewegt?	Seht ihr, wie sich der Mund vom /a/ zum /i/ bewegt?	Seht ihr, wie sich der Mund vom /o/ zum /i/ bewegt?
	Wiederholen der Mundstellung am Beispielwort	
Bauch Merkt ihr, wie ihr erst ein /a/ und dann ein /u/ sprecht?	*Eis* Merkt ihr, wie ihr erst ein /a/ und dann ein /i/ sprecht?	*Eule* Merkt ihr, wie ihr erst ein /o/ und dann ein /i/ sprecht?
	Weitere Beispiele suchen	
laut, Raum, Aufgabe, außen, laufen, Auge ...	Leim, leise, weinen, Eimer, Reim, Schleim, eins, Eile ...	Euter, Eumel, Europa, euer, Feuer, Keule, Leute, heute ...

Tabelle A4: *Einführungsübungen zum Erlernen der Buchstabe-Laut-Verbindungen: Instruktionen und Beispiele für M, N, L, R (Ü13 bis Ü16)*

M *(Ü13)*	**N *(Ü14)***	**L *(Ü15)***	**R *(Ü16)***
Klasse 1–3			
Eigene Mundstellung			
Die Lippen sind ganz zusammengepresst und es hört sich an, als würden wir summen.	Die Zähne sind zusammen, aber die Lippen sind offen, so dass man die Zähne sehen kann.	Die Lippen und die Zähne sind offen und die Zunge stößt an die oberen Schneidezähne.	Der Mund ist ganz offen und wir tun so, als würden wir gurgeln.
Mundstellung Nachbar			
Seht ihr die zusammengepressten Lippen?	Seht ihr die offenen Lippen und die zusammengepressten Zähne?	Seht ihr die offenen Lippen und offenen Zähne und die Zunge?	Seht ihr den offenen Mund?
Wiederholen der Mundstellung am Beispielwort			
Maus Merkt ihr, wie eure Lippen am Anfang ganz zusammengepresst sind?	*Nase* Merkt ihr, wie eure Zähne zusammengepresst sind, aber eure Lippen auseinander gezogen werden?	*Laub* Merkt ihr, wie euer Mund offen ist und die Zunge an die Zähne stößt?	*Raum* Merkt ihr, wie euer Mund offen ist?
Weitere Beispiele suchen			
Mama, mein, malen, Mädchen ...	Name, nein, neu, Nick, Nuss, Nudel ...	leise, Lena, lieb, Licht, Lager ...	richtig, ruhig, Ralf, Reihe, Ring ...

Tabelle A5: *Einführungsübungen zum Erlernen der Buchstabe-Laut-Verbindungen: Instruktionen und Beispiele für S, Z, SCH, F (Ü17 bis Ü20)*

S *(Ü17)*	**Z *(Ü18)***	**SCH *(Ü19)***	**F *(Ü20)***
Klasse 1–3			
Eigene Mundstellung			
Die Lippen sind auseinandergezogen, so ähnlich wie beim /nnnn/. Aber die Zähne sind nicht zusammengepresst, sondern stehen genau übereinander, und die Zunge stößt an die unteren Schneidezähne.	Die Lippen sind wie beim /ssss/ auseinander gezogen und die Zähne stehen auch genau übereinander, aber wir zischen mehr beim /zzzz/ und die Zunge ist vorn am Gaumen. Wir machen noch einmal alle /ssss/ und nun /zzzz/ – merkt ihr, dass es beim /zzzz/ mehr zischt.	Die Lippen sind nach vor gestülpt und die Zähne stehen wieder offen übereinander. /sch/ hört sich ein bisschen an wie ein rauschender Wasserhahn.	Was ist denn jetzt anders als bei den anderen Zischlauten? Die oberen Zähne stehen nicht über den unteren Zähnen, sondern über der Unterlippe – und dadurch pressen wir dann die Luft. Das hört sich dann so an, als würde man aus einem Reifen die Luft herauslassen.
Mundstellung Nachbar			
Seht ihr die übereinander stehenden Zähne?	Seht ihr die übereinander stehenden Zähne?	Seht ihr die nach vorn gestülpten Lippen?	Seht ihr die oberen Zähne auf der Unterlippe?
Wiederholen der Mundstellung am Beispielwort			
Sonne Merkt ihr, wie eure Zähne übereinander stehen und die Lippen auseinander sind?	*Zunge* Merkt ihr, wie eure Zähne übereinander stehen und die Lippen auseinander sind?	*Schule* Merkt ihr, wie eure Lippen nach vorn gestülpt sind?	*Feder* Merkt ihr, wie eure Lippen nach vorn gestülpt sind?
Weitere Beispiele suchen			
Sommer, Salz, sind, sagen, Suppe ...	zwei, Zähne, Zahl, Zeichen, Zeitung ...	Schaf, schlafen, Schal, Schere, Schein ...	Frau, Fass, Fehler, Freund, finden, Fenster ...

Tabelle A6: *Einführungsübungen zum Erlernen der Buchstabe-Laut-Verbindungen: Instruktionen und Beispiele für CH (Ü21)*

Am Gaumen produziertes CH (ich-Laut) *(Ü21)*	**Im Rachen produziertes CH (ach-Laut) *(Ü21)***
Klasse 1–3	
Eigene Mundstellung	
Der Mund ist auseinander gezogen wie beim /iiii/ oder beim /zzzz/. Die Zähne sind auch etwas auseinander und die Zunge ist am oberen Gaumen.	Wir machen dazu alle nochmals /rrrr/ und dann /ch/. Merkt ihr, dass das /ch/ an einer höheren Stelle im Rachen gemacht wird? Beim /rrrr/ hört es sich an, als würden wir gurgeln, beim /ch/ als würden wir röcheln.
Mundstellung Nachbar	
Seht ihr den offenen, breitgezogenen Mund? Und dass die Zähne etwas auseinander sind?	Seht ihr den offenen Mund?
Wiederholen der Mundstellung am Beispielwort	
ich Merkt ihr, wie am Wortende die Zunge an den Gaumen gedrückt wird und der Mund breit ist?	*Dach* Merkt Ihr, wie der Laut hinten im Rachen gebildet wird?
Weitere Beispiele suchen	
mich, dich, dicht, Sicht, sichtbar, Licht, nicht ...	noch, machen, lachen, doch, pochen ...

Tabelle A7: *Einführungsübungen zum Erlernen der Buchstabe-Laut-Verbindungen: Instruktionen und Beispiele für Plosive (Ü22 bis Ü27)*

P *(Ü22)*	B *(Ü23)*	T *(Ü24)*	D *(Ü25)*	K *(Ü26)*	G *(Ü27)*
Klasse 1–3					
Eigene Mundstellung					
Die Lippen sind erst ganz fest zusammengepresst und dann wird auf einmal die Luft ausgestoßen.	Die Lippen sind wie beim /pppp/ – erst ganz fest zusammengepresst und dann wird auf einmal die Luft ausgestoßen, aber sanfter als beim /pppp/, deshalb klingt das /bbbb/ auch weicher.	Die Lippen sind leicht offen und die Zunge liegt hinter den oberen Schneidezähnen – und dann wird die Zunge ganz schnell weggezogen und die Luft ausgestoßen.	Die Lippen sind wieder leicht offen und die Zunge liegt hinter den oberen Schneidezähnen – dann wird die Zunge weggezogen und die Luft ausgestoßen, aber langsamer als beim /tttt/, deshalb klingt das /dddd/ auch weicher.	Die Lippen sind leicht offen und die Zunge liegt ziemlich weit hinten am oberen Gaumen – und dann wird die Zunge ganz schnell weggezogen und die Luft ausgestoßen.	Die Lippen sind wieder leicht offen und die Zunge liegt hinter den oberen Schneidezähnen – und dann wird die Zunge weggezogen und die Luft wird ausgestoßen, aber langsamer als beim /kkkk/ und mit weniger Druck, deshalb klingt das /gggg/ auch weicher.
Mundstellung Nachbar					
Seht ihr, dass die Lippen am Anfang zusammengepresst sind?		Seht ihr am Anfang die leicht offenen Lippen und die Zunge hinter den oberen Schneider-zähnen?			Seht ihr am Anfang die leicht offenen Lippen und wie die Zunge dann nach unten kommt?
Wiederholen am Beispielwort					
Pauke	Baum	Tanne	Dach	Kind	Gans
Weitere Beispiele					
Pause, Platz, planen, Park ...	Ball, Bahn, Buch, bringen, bellen ...	Tonne, Traum, Tim, tauchen, tanzen ...	Donner, du, dick, Drachen, Dienstag ...	Kakao, kaufen, Karte, Kleid, Kinn ...	gehen, Geld, Gold, Geburtstag, Gabel ...

Tabelle A8: *Einführungsübungen zum Erlernen der Buchstabe-Laut-Verbindungen: Instruktionen und Beispiele für H und J (Ü28 und Ü29)*

H *(Ü28)*	**J *(Ü29)***
Klasse 1–3	
Eigene Mundstellung	
Die Lippen sind ganz offen und die Zunge liegt ganz unten – dann wird plötzlich die Luft ausgestoßen. Ihr könnt das wieder spüren, wenn ihr die Hand vor euren Mund haltet und /hhhh/ macht. Merkt ihr, wie die Luft ausgestoßen wird?	Der Mund ist auseinandergezogen und die Zähne sind auch etwas auseinander, so ähnlich wie beim /iiii/, aber die Zunge ist am oberen Gaumen, wie beim /ch/.
Mundstellung Nachbar	
Seht ihr die offenen Lippen?	Seht ihr den offenen, breitgezogenen Mund und dass die Zähne etwas auseinander sind?
Wiederholen am Beispielwort	
Wortanfang: *Haus* Merkt ihr, wie ihr am Anfang des Wortes die Luft ausstoßt? Wortmitte: Es gibt aber auch Wörter, die das /hhhh/ in der Mitte haben, wie zum Beispiel „gehen".	*ja* Merkt ihr, wie ihr am Anfang des Wortes die Zunge an den Gaumen drückt?
Weitere Beispiele	
Wortanfang: Hase, haben, helfen, Haufen, Hund ... Wortmitte: sehen, wehen, mühen, Uhu ...	jeder, Jahr, Januar, Juni, Juli, Julia ...

Tabelle A9: *Einführungsübungen zum Erlernen der Buchstabe-Laut-Verbindungen: Instruktionen und Beispiele für W und V (Ü30 und Ü31)*

W *(Ü30)*	**V (stimmlose Artikulation) *(Ü31)***
Klasse 2–3	
Eigene Mundstellung	
Die oberen Zähne stehen über der Unterlippe – und dadurch pressen wir dann ein wenig die Luft.	Die oberen Zähne stehen über der Unterlippe – und dadurch pressen wir dann die Luft – wie beim F.
Mundstellung Nachbar	
Seht ihr, wie die oberen Zähne auf der Unterlippe stehen? Und hört ihr die Stimme brummen?	Seht ihr, wie die oberen Zähne auf der Unterlippe stehen?
Wiederholen am Beispielwort	
wo Merkt ihr, wie die Luft zwischen den oberen Zähnen und der Unterlippe herausgepresst wird? [Hand vor den Mund halten]	*voll* Merkt ihr, wie eure Lippen nach vorn gestülpt sind?
Weitere Beispiele	
was, wer, Wort, warum, wenig, weiter, Wetter, warm, Wand ...	Vati, Vogel, viel, vielleicht, vier, vor ...

Tabelle A10: *Wiederholungsübung Wörtersammeln: Beispielwörter für Vokale, Umlaute und Zwielaute (Ü33 bis Ü44)*

Übung	Laut	Vokale (Klasse 1–3)
		Nennt mir doch mal einige Wörter, in denen das ... vorkommt.
Ü33	/a/	ja, Zahn, Mann, am, an, da ...
Ü34	/e/	Elefant, egal, eben, edel, Esel ...
Ü35	/i/	ich, immer, im, ist, innen ...
Ü36	/o/	Zoo, wo, oder, Oma, Omi, Opa ...
Ü37	/u/	du, Kuh, Juni, Musik, Schule, nun ...
		Umlaute (Klasse 2–3)
Ü38	/ä/	ähnlich, Äste, mähen, Hände, Länder ...
Ü39	/ö/	öde, öfter, Töne, Söhne, schön ...
Ü40	/ü/	üben, Tür, für, Müll, Süden ...
		Zwielaute (Klasse 1–3)
Ü41	/au/	Baum, kaum, Raum, außen, Auge ...
Ü42	/ei/	Ei, Eis, ein, mein, leider, Leiter ...
		Zwielaute (Klasse 2–3)
Ü43	/eu/	neu, Heu, Leute, Freude ...
		Ableitungsregel: <eu> versus <äu> (Klasse 2–3)
		Instruktion: Was war denn das Besondere an dem Laut /eu/? Genau, meistens schreibt man ihn mit <e> und <u>, manchmal aber mit <ä> und <u>. Kann mir jemand sagen, wann wir <ä> und <u> schreiben? Richtig, wenn das Wort aus einem anderen Wort abgeleitet werden kann, wie „Bäume" aus „Baum". „Leute" hat aber nichts mit „Laut" zu tun, deshalb schreiben wir „Leute" mit <e> und <u>.
Ü44	/eu/	<eu>: Feuer, neu, heute, Euro ... <äu>: Bäume, läuten, Räume ...

Tabelle A11: *Wiederholungsübung Wörtersammeln: Beispielwörter für Konsonanten (Ü45 bis Ü63)*

Übung	Laut	Konsonanten für die Klassen 1–3
		Nennt mir doch mal einige Wörter, in denen das ... vorkommt
Ü45	/m/	Mama, Mutter, mein, Mann, Mond, im, am, Meer ...
Ü46	/n/	nein, nun, noch, in, Nadel, neu ...
Ü47	/r/	rot, Reh, Reiter, Rabe, rennen ...
Ü48	/l/	Lisa, lesen, Lukas, Land ...
Ü49	/s/	sehen, sagen, Amsel, Susi ...
Ü50	/sch/	Schule, schade, rauschen, Schlange ...
Ü51	/z/	Zahn, Zeh, zeigen, heizen, Zange ...
Ü52	/f/	feiern, Farbe, Affe, Fernseher, Freund ...
Ü53	/ch/ (Rachenlaut) /ch/ (Zischlaut)	ach, Nacht, Woche, wuchern ... ich, nicht, Licht, rechts, frech ...
Ü54	/p/	Puppe, Papa, Pause, Paul ...
Ü55	/b/	bauen, Baby, Butter, bitten ...
Ü56	/t/	Tante, Taube, Tanne, tauschen, Teller ...
Ü57	/d/	du, dick, dauern, dabei ...
Ü58	/k/	Kante, Kanne, kichern, Keller ...
Ü59	/g/	geben, gestern, gut, gerne ...
Ü60	/h/	heben, haben, heute ...
Ü61	/j/	ja, Jahr, jeder ...
		Konsonanten für die Klassen 2–3
Ü62	/w/	Wasser, wandern, wo, wie ...
Ü63	/f/ (<v>)	viel, vergessen, Vater ...

Tabelle A12: *Übungswörter zum Erlernen des lautgetreuen Schreibens (Ü66 bis Ü84)*

Übung	Klasse	Laute	einsilbig		mehrsilbig	
			Beispielwort	Weitere Wörter	Beispielwort	Weitere Wörter
			Welche Laute hört ihr im Wörtchen ...? Schreibt diese Laute so auf, dass ein Wort daraus wird.		***Wie viele Silben hat denn das Wort ...? Wie lautet die erste Silbe in ...? Und welche Laute kommen darin vor? Schreibt die Laute auf. Wie lautet die zweite Silbe in ...? Und welche Laute kommen darin vor? Schreibt die Laute zur ersten Silbe dazu.***	
Ü66	1	Vokal-Nasal-Liquide	er	nur, mir, in, an, um	Mami	Oma, Nina, Mona, nanu, Omi, Moni
Ü67	1	Vokal-Nasal-Liquide	am	lau, nun, im, Arm, um	Lama	malen, anmalen, Name, Murmel
Ü68	2-3	Vokal-Nasal-Liquide	er	nur, mir, in, an, Arm, mir, um, man	Mami	Oma, Nina, Mona, nanu, Omi, Moni, Ina, malen, Name, Lama, Murmel
Ü69	2-3	Vokal-Nasal-Liquide	am	lau, nun, Rom	Lama	Name, Nemo, Murmel, Muli, Nele, Uli, anmalen, Irina
Ü70	1	/au/	rau	lau, Sau, aus, Maus, Haus	maulen	rauben, saugen
Ü71	1	/ei/	ein	nein, Leim, mein	meine	leimen, eilen, reimen
Ü72	2-3	/au/, /ei/, /eu/	rau	ein, nein, Raum, Reim, Leim, Maul, mein	maulen, meine	Laune, eilen, leimen, reimen, heulen, Eule, Euro
Ü73	1	/s/, /z/	so	sein, Salz, Sau, Maus	seine	Seile, Zeile, Samen
Ü74	1	/sch/, /f/	Schal	fein, Schein, rasch, Schaum, faul, Flur	Schule	Schale, scheinen, feilen, mischen
Ü75	1-3	Frikative	so	sein, schön, Sau, Maus, zum, Salz, Fleisch	seine	Seile, Zeile, Samen, schlafen, Susi, Masche, mischen, Fische, Flasche,
Ü76	1	/b/, /p/	bei	Bus, bin, Pult, Plan	Pause	Ampel, schaben, Fabel, super
Ü77	1	/d/, /t/	du	dein, der, Tal, Tor, rot	Taube	Tafel, damit, darum
Ü78	1-3	/g/, /k/	gut	kein, Geld, Korn, pink	geben	Kabel, Kinder, kaufen, Gabel, legen, Regen, Regel, Regal
Ü79	2-3	/b/, /p/, /d/, /t/	bei	Brot, Pult, Docht, bis, Tür	Pause, Pausenbrot (Instruktion wie in der Anmerkung*)	schreiben (aufschreiben, beschreiben), leiden (leider, mitleiden, Mitleid), pumpen (Pumpe, anpumpen, abpumpen), Ton (Töne, ertönen), Traum (träumen, traumhaft), rot (rosarot)
Ü80	2-3	/g/, /k/, /b/, /p/, /d/, /t/	kein	Tim, du, Paul, Baum, Bein	geben	Kabel, Kinder, kaufen, Gabel, legen, Regen, Regel, Regal, tauchen, teilen, Bogen, Pauke, Daumen
Ü81	2-3	Nasal-Vokal-Kombinationen, Liquide-Kombinationen	so	schon, nach, ich, schön, Nacht, echt	Scheibe	Schule, Recht, reichen, China
Ü82	1-3	/h/	hat	Hut, Herz, Hof	haben	gehen, helfen, hinten, sehen
Ü83	1-3	/j/	ja	je, Jan, Jens	jeder	Januar, Juni, Juli, jaulen
Ü84	2-3	/w/	wo	wer, wie, wen	weben	warum, warten, worin, wodurch, wenigstens, weniger, wandern

Anmerkung: * *Instruktion für Übung 79 „Wie schreiben wir denn das Wort **„Pausenbrot“**? Sagt alle einmal ganz deutlich „Pausenbrot“. Wir kennen beide Wörter schon – „Pause“ und „Brot“ haben wir gerade geschrieben. Aber das Wort heißt nicht „Pause-brot“, sondern „Pausenbrot“ – wer hört den Unterschied? Da ist ein Laut dazwischen und zwar das – richtig, das /n/. Also „Pausenbrot“ schreibt man dann so: Erst schreiben wir das Wort „Pause“ – macht das bitte alle einmal. Dann kommt das /n/, schreibt das bitte auch. Und zum Schluss schreiben wir noch „brot“ daran. Wenn ihr alles richtig geschrieben habt, muss euer Wort jetzt so aussehen.“ [an die Tafel schreiben].*

***Tabelle A13:** Übungswörter für phonologische Übungen zu Anfangslauten: Laut erkennen & wiedererkennen (Ü86 bis Ü92)*

Übung	Laute	Laut erkennen	Laut wiedererkennen
		Mit welchem Laut beginnt das Wort ...?	***Fängt das Wort mit einem ... an? (Einen Laut aus Spalte 2 einsetzen)***
		Klasse 1–3	
Ü86	/a/, /e/, /i/, /o/, /u/ (Vokale)	immer, Amme, Ofen, Ende, unten	Arm, Irina, Ofen, Abend, Ulli, Emmi, Opel, Ampel, Uhu, oben, unten, Ostern
Ü87	/ä/, /ö/, /ü/ (Umlaute)	üben, Äste, öde, öfter, Ähre, übel	Äpfel, überlegen, öffnen, übel, ändern
Ü88	/m/, /n/ (Nasale)	Montag, Mittwoch, nicht, mein, neben, neu, Martin, Nagel, Mus, Nuss, Name	manchmal, nicht, merken, Name, Mus, Nuss
Ü89	/l/, /r/	ruhig, lieb, leben, raten, lachen, riechen	Lisa, Rest, leben, reichen, lustig
Ü90	/f/, /s/, /sch/, /z/ (Frikative 1)	sagen, Schule, zeigen, sicher, Fehler, Schaf, sein, Zeit, Salz, Freund, zittern, Figur, Zaun, Sichel	zittern, sichern, Zufall, Schaf, Finger, Zug
Ü91	/f/, /s/, /sch/, /z/ (Frikative 2)	Schule, fallen, schön, Schaf, sicher, Feier	fast, Satz, Figur, Schaf, Finger, Zug
Ü92	/b/, /d/, /g/, /k/, /p/, /t/ (Plosive)	Ball, packen, gehen, Tanne, kosten, Dose	ticken, Drachen, Pickel, Turm, kochen, Taube

***Tabelle A14:** Übungswörter für phonologische Übungen zu Anfangslauten: Nicht passendes Wort herausfinden (Ü93 bis Ü98)*

Übung	Laut	Beispielwörter
Ich sage euch jetzt immer drei Wörter, zwei davon haben den gleichen Anfangslaut, eines passt nicht richtig hinein, das sollt ihr mir nennen.		
Klasse 1–3		
Ü93	Vokale	Oma, Opa, Ina Amme, anders, unter Esel, Insel, Eber Igel, er, ihr Ufer, Ofen, Uta
Ü94	Nasale	Mann, nun, nein Nudel, Mantel, Nagel merken, malen, nicken nach, noch, mag
Ü95	/l/, /r/	leise, leider, Reise richtig, lustig, ruhig Raupe, Laube, Laden Regen, reimen, leimen
Ü96	Frikative	sagen, zahlen, zeigen sauber, sandig, zaubern suchen, singen, zucken fallen, zahlen, zeigen schauen, schaffen, zaubern feiern, Ferien, sein
Ü97	Plosive	Teller, Keller, Tochter gehen, sehen, geben dich, doch, bricht Bass, Pause, Pech toll, Dame, Traum Trick, Klick, klack Gras, Gans, kurz
Klasse 2–3		
Ü98	/sch/-/p/ (<sp>) /sch/-/t/ (<st>)	Stein, Schein, Stern Stoß, Schloss, schoss Spaten, schaden, Spitzen spielen, spicken, schicken schi, sti, sto spa, spe, schu stinn, spinn, sponn stoll, stell, schell

Tabelle A15: *Übungswörter für phonologische Übungen zu Anfangslauten: Gesamtwiederholung als Mannschaftsspiel (Ü99 bis Ü101)*

Übung	Teil 1: Anfangslaute erkennen	
	Mit welchem Laut beginnt das Wort?	
Ü99	ruhig, neben, Oma, machen, aber, China, sehen, fallen, lieb, Angel, mein, fertig, rasen, Eis, nennen, lachen, Igel, Schaf, zeigen, Ursel	
	Teil 2: Nicht passendes Wort heraushören	
	Welches Wort passt nicht hinein?	
Klasse 1		
Ü100	Hafen, Hasen, Rasen seit, Zeit, Zahn Gabel, Kabel, keine Spule, Ziele, Spiele bauen, pauken, packen leise, leider, Reise merken, malen, nicken	aber, außen, alle richtig, lustig, ruhig schauen, schaffen, zaubern suchen, singen, fluchen erst, ist, Ende feiern, Ferien, sein Ufer, oben, oder
Klasse 2–3		
Ü101	Hafen, Hasen, Rasen kaufen, laufen, lauschen seit, Zeit, Zahn weder, jeder, Wedel	wissen, wischen, fischen Gabel, Kabel, keine Spule, Ziele, Spiele bauen, pauken, packen

Tabelle A16: Übungswörter für phonologische Übungen zu Endlauten: Laut erkennen & wiedererkennen (Ü102 bis Ü107)

Übung	Klasse	Laut	Laut erkennen	Laut wiedererkennen
			Mit welchem Laut hören diese Wörter auf?	***Hört das Wort mit einem ... auf? (Einen Laut aus Spalte 3 einsetzen!)***
Ü102	1-3	/a/, /e/, /i/, /o/, /u/ (Vokale)	Knie, Klee, Kuh, sie, Stroh, Uhu, Otto, Anna, Schnee, Floh, Ski	Ende, alle, Zoo, Jana, Schnee
Ü103	2-3	/a/, /o/	Stroh, ja, Anna, so	Sofa, Otto, Opa, Floh
Ü104	1-3	/m/, /n/ (Nasale)	Kamm, kann, komm, Turm, Wurm, Zorn, gehen, sehen	kein, dann, Damm, warm
Ü105	1-3	/l/, /r/	aber, einmal, Tor, voll, nur	quer, Emil, Steuer, Esel, vier, Sessel
Ü106	2-3	/f/, /s/, /sch/, /z/ (Frikative)	auf, aus, raus, Salz, Maus, Kauf, Busch, Bus, Geiz, Laus	Haus, Rausch, Mais, Pfiff, Reis, Kauz
Ü107	2-3	/b/, /d/, /g/, /k/, /p/, /t/ (Plosive + Auslautverhärtung)	Trab, hopp, fertig, Glück, Rest, seht ...	richtig, Geld, artig, Lack, Geduld, Galopp, Paket, Rest ...

Tabelle A17: *Übungswörter für phonologische Übungen zu Endlauten: Nicht passendes Wort finden (Ü108 bis Ü113)*

Übung	Laut	Beispielworte
		Ich sage euch jetzt immer drei Wörter, zwei davon haben den gleichen Endlaut, eines passt nicht richtig hinein, das sollt ihr mir nennen.
		Klasse 1
Ü108	Vokale	Amme, Kanne, Hanni Uta, Ute, Ede Sage, Ende, Moni Uhu, Floh, Schuh Lotto, Kanada, Risotto Floh, Kuh, du
Ü109	Nasale	Mann, dumm, nein im, in, drin schlimm, Tim, Kinn Lohn, schon, Dom Zahn, lahm, warm tun, nun, zum
Ü110	/l/, /r/	Ruder, Mantel, Nagel leiser, leider, eitel schwer, sehr, Mehl Nabel, Faden, Nadel Hummer, Hammer, Himmel
Ü111	Frikative	Kauf, Kaff, Fass schwer, Salz, Malz husch, Bus, muss Kuss, Schluss, Ruf
Ü112	Plosive	gab, Rad, Pfad Staub, Raub, laut Trick, Splitt, klack
Ü113	/ch/ (Gaumen) /ch/ (Rachen)	ich, mich, Tisch wach, Tor, Loch

Tabelle A18: *Übungswörter für phonologische Übungen zu Endlauten: Gesamtwiederholung als Mannschaftsspiel (Ü114-115)*

Übung	Teil 1: Endlaute erkennen	
	Mit welchem Laut endet das Wort?	
Klassen 1–3		
Ü114	aber, einmal, kommen, Sina, Tor, voll, nur, Ina, Busch, Besen, Gas, Nemo, alle, Angel, Herz, Anni, Riff, Kamm, Mantel, singen	
	Teil 2: Nicht passendes Wort herausfinden	
	Welches Wort passt nicht hinein?	
Ü115	Haus, Maus, Lauf seit, Zeit, Seil Gabel, Kabel, keiner rosa, Lose, Rose Mann, Kamm, kann schwer, sehr, Mehl Uhu, Floh, Schuh	Nabel, Faden, Nadel Otto, Mama, Oma husch, Bus, muss Zahn, lahm, warm ich, Tisch, sich Sage, Ende, Moni Dach, noch, Tor

Tabelle A19: *Übungswörter für phonologische Übungen zu Mittellauten: Laut erkennen & wiedererkennen (Ü116 bis Ü123)*

Übung	Klasse	Laut	Laut erkennen	Laut wiedererkennen
			Welchen Laut haben diese Wörter in der Mitte?	*Kommt in folgenden Wörtern ein ... vor? (Einen Laut aus Spalte 3 einsetzen!)*
Ü116	1-3	/a/, /e/, /i/, /o/, /u/ (Vokale)	Tag, tun, Weg, Ton, leer, Sieg, Fuß, Hand, kann, Kinn, Kuss, Wind, Los	Saal, Los, Kuss, Tag, Lied, mag
Ü117	2-3	/ä/, /ö/, /ü/ (Umlaute)	Tür, für, Fön, Bär, Glück, Stück, schön, Köln	Hände, Länder, Hüte, Töne, Güter, Süden, Kühe, Mühe, Käse, Kämme
Ü118	1-3	/au/, /ei/, /eu/ (Zwielaute)	Maus, kein, kaum, Neid, neun	Zaun, Moos, Neid, Laut, Lied, gut, Zeug
Ü119	1-3	/n/, /m/ (Nasale)	kommen, sonnen, kennen, rammen, nennen, Namen	Sina, Lama, Kanne, Nemo
Ü120	1-3	/l/, /r/	zerren, hallen, Wolle, surren	fallen, Karre, knallen, gurren, Halle
Ü121	1-3	/f/, /s/, /sch/, /z/ (Frikative)	Hafen, zwischen, Hasen, mischen	kaufen, wissen, Haufen, Hefe, fischen
Ü122	1-3	/b/, /d/, /g/, /k/, /p/, /t/ (Plosive)	Natter, Gruppe, Knabe, Lappen, Leder, lecker	aber, leider, Lupe, neben, nagen, ruppig
Ü123	2-3	/ch/	Rachenlaut: Nacht, warten, wachen Zischlaut: Licht, Tische, Wichtel, Fische	Rachenlaut: zerren, kochen, machen, fahren, Karre, Wache Zischlaut: leuchten, wischen, Sichel, Waffel

Tabelle A20: *Übungswörter für phonologische Übungen zu Mittellauten: Nicht passendes Wort finden (Ü124 bis Ü130)*

Übung	Laut	Beispielworte	
		Ich sage euch jetzt immer drei Wörter. Zwei der Wörter haben den gleichen Laut in der Mitte, eines passt nicht richtig hinein, das sollt ihr mir nennen.	
		Klasse 1–3	**Klasse 2–3**
Ü124	Vokale	Zahn, lahm, schon mir, sehr, hier tun, nun, Sohn Meer, wir, leer Lohn, warm, Ton	
Ü125	Umlaute		mir, für, hier Müll, Tür, Tier brät, mäht, sieht gähnt, föhnt, zähmt
Ü126	Zwielaute	Laube, Haube, Gabe breit, Britt, Ritt Wein, sein, Zahn	Kleid, Freud, Leid
Ü127	Nasale	ani, one, ame ene, ama, eme ome, ima, eni	Name, Dame, Sahne
Ü128	/l/, /r/	Uri, Ari, Ali Olli, Harry, Elli Tiere, viele, Lehre	
Ü129	Frikative	Joschi, Pfiffi, Uschi mieser, tiefer, Hafer Essen, Eschen, Essig	Hafen, Hasen, Nasen kaufen, laufen, tauschen wissen, küssen, mischen
Ü130	Plosive	Acker, Lager, Jacken Leiter, Lieder, leider	epo, übi, ebe

Tabelle A21: *Übungswörter für phonologische Übungen zu Mittellauten: Gesamtwiederholung als Mannschaftsspiel (Ü131-Ü132)*

Übung	Teil 1: Mittellaute erkennen	
	Welchen Laut haben diese Wörter in der Mitte?	
Klassen 1–3		
Ü131	zerren, essen, Tor, hallen, Maus, Affe, kämmen, Asche, sonnen, Bus, Lama, nur, Karre, Lied, Kanne, mein, fallen, schon, Zahn, alle	
	Teil 2: Nicht passendes Wort herausfinden	
	Welches Wort passt nicht hinein?	
Ü132	Tier, viel, sehr Zahn, lahm, schon Olli, Emmi, Elli breit, Britt, Ritt Lohn, nun, Ton Uri, Ari, Ali Wein, sein, Zahn	Meer, wir, leer Essen, Eschen, Essig rund, Hand, Rand seit, Zeit, Zahn Nacht, kocht, Jacht spult, zielt, spielt baut, paukt, packt

Tabelle A22: *Beispielwörter für phonologische Übungen zu Anfangslauten: Inselspiel (Ü134 bis Ü151)*

Übung	Laut	Beispielwörter
		Ich fahre auf eine Insel und nehme alle Dinge mit, die mit ... anfangen.
		Klasse 1–3
Ü134	/a/	Apfel, Ananas, Ampel, Anne ...
Ü135	/m/	Mama, Mond, Mantel, Maus ...
Ü136	/n/	Nase, Nagel, Nuss, Nadel ...
Ü137	/r/	Rolle, Roller, Rahmen, Riese ...
Ü138	/l/	Leine, Lampe, Laster, Lolli ...
Ü139	/s/	Sonne, Sichel, Sahne, Susi ...
Ü140	/z/	Zug, Zange, Zeitung, Zauberer ...
Ü141	/f/	Fenster, Füller, Faust, Faden ...
Ü142	/b/	Ball, Bahn, Buch, Band ...
Ü143	/p/	Puppe, Papa, Perle, Pinsel ...
Ü144	/d/	Daumen, Drachen, Dachs, Decke ...
Ü145	/t/	Turm, Tafel, Tonne, Tuch ...
Ü146	/g/	Geld, Geldbeutel, Gold, Gabel ...
Ü147	/k/	Kakao, Karte, Kleid, Kugel ...
		Klasse 2–3
Ü148	/h/	Hantel, Haube, Hand, Handschuh ...
Ü149	/scht/ (<st>)	Stein, Stern, Staub, Stiefel ...
Ü150	/sch/	Ich fahre auf eine Insel und nehme alle Dinge mit, die – nur – mit einem <sch> anfangen, also nicht mit <sp> oder <st>. [Schale, Schal, Schuh, Schrank ...]
Ü151	/w/	Waage, Wagen, Würfel, Winkel ...

Tabelle A23: *Beispielwörter für phonologische Übungen zu Mittel- und Endlauten: Inselspiel (Ü152 bis Ü174)*

Übung	Laut	Beispielwörter
		Ich fahre auf eine Insel und nehme alle Dinge mit, die ein … in der Mitte haben. ***Ich fahre auf eine Insel und nehme alle Dinge mit, die ein … in der Mitte oder am Ende haben.***
Klasse 1–3 (Mittellaute)		
Ü152	/a/	Hase, Hand, Ball, Jacke …
Ü153	/e/	Helm, Kegel, Heft, Esel …
Ü154	/i/	Kind, Lied, Windel, Kissen …
Ü155	/o/	Koffer, Rose, Hose, Locke …
Ü156	/u/	Bluse, Mus, Bus, Mutti …
Ü157	/au/	Haus, Baum, Traube, Pfau …
Ü158	/au/ oder /ei/	Maus, Haus, Leiter, Reis …
Klasse 2–3 (Mittellaute)		
Ü159	/eu/ (<eu> oder <äu>)	Bäume, Leute, Beute, Häuser …
Klasse 1–3 (Mittellaute oder Endlaute)		
Ü160	/s/	Susi, Hase, Nase, Mus …
Ü161	/r/	Arm, Erde, Ohren, Tier …
Ü162	/sch/	Fleisch, Kirschen, Tasche, Wäsche …
Ü163	/m/	Ampel, Turm, Lampe, Kamm …
Ü164	/z/	Holz, Lätzchen, Mieze, Katze …
Ü165	/n/	Kran, Kanne, Mantel, Lenker …
Ü166	/f/	Affe, Griff, Giraffe, Heft …
Ü167	/l/	Puzzle, Insel, Alge, Kabel …
Ü168	/ch/ (Gaumen oder Rachen)	Gaumen: Milch, Eichhörnchen … Rachen: Drachen, Dach …
Ü169	/t/	Kette, Hantel, Blatt, Heft …
Ü170	/g/	Wagen, Liege, Anzug, Züge …
Ü171	/p/	Papa, Apfel, Lupe, Lampe …
Ü172	/d/	Nudeln, Faden, Nadel, Liederbuch …
Ü173	/k/	Jacke, Rock, Trickfilm, Onkel …
Ü174	/b/	Rabe, Korb, Kabel, Trauben …

Tabelle A24: *Beispielwörter für phonologische Übungen zu Wortendungen: Inselspiel (Ü175 bis Ü180)*

Übung	Endung	Beispielworte
		Ich fahre auf eine Insel mit und nehme alle Dinge mit, die mit der Endung ... aufhören.*
		Klasse 3
Ü175	-ung	Beleuchtung, Einschulung, Bewegung ...
Ü176	-heit	Dunkelheit, Verlegenheit, Vergangenheit ...
Ü177	-keit	Einsamkeit, Schwerelosigkeit, Übelkeit ...
Ü178	-chen	Männchen, Blümchen, Eichhörnchen ...
Ü179	-lein	Männlein, Bächlein, Mäuslein ...
Ü180	-schaft	Freundschaft, Mannschaft, Brüderschaft ...

Anmerkung: * Die Kinder können auch Abstrakta (wie ‚Freundschaft' nennen).

Tabelle A25: Beispielwörter für Übungen zur Phonemsynthese (Ü181 bis Ü191)

Übung	Laut	Beispielwörter
		Ich sage euch jetzt verschiedene Laute. Die sollt ihr zu einem Wort zusammenziehen und dann das richtige Wort sagen.
		Klasse 1–3
Ü181	Nasale & Frikative	/n/-/u/-/n/ /w/-/i/-/r/ /l /-/au/-/s/ /z/-/u/-/m/ /a/-/l/-/s/ /a/-/r/-/m/
Ü182		/s/-/a/-/l/-/z/ /a/-/l/-/s/-/o/ /sch/-/u/-/l/-/e/ /f/-/i/-/l/-/m/ /k/-/ei/-/n/-/e/ /f/-/a/-/l-/sch/ /r/-/ei/-/s/-/e/ /sch/-/a/-/r/-/f/
Ü183		/r/-/u/-/f/-/e/-/n/ /f/-/i/-/sch/-/e/-/n/ /m/-/a/-/l/-/e/-/n/ /l/-/e/-/s/-/en/ /i/-/n/-/s/-/e/-/l/ /l/-/a/-/ch/-/e/-/n/ /l/-/a/-/sch/-/e/
Ü184		/p/-/au/-/s/-/e/ /l/-/a/-/n/-/g/-/e/ /h/-/i/-/r/ (hier) /ei/-/m/-/e/-/r/ /sch/-/r/-/au/-/b/-/e/ /k/-/a/-/r/-/t/-/e/ /l/-/a/-/m/-/p/-/e/ /f/-/e/-/r/-/t/-/i/-g/ /t/-/a/-/sch/-/e/ /z/-/ei/-/g/-/e/-/n/ /t/-/i/-/r (Tier)
Ü185		/l/-/e/-/r/ (leer) /l/-/a/-/m/ (lahm) /o/-/m/-/a/ /n/-/u/-/n/ /u/-/m/ /m/-/i/-/r/ /r/-/e/ (Reh) /ei/-/m/-/e/-/r/
Ü186	Plosive	/b/-/ei/ /b/-/au/-/m/ /p/-/a/-/p/-/i/ /b/-/i/-/s/ /m/-/a/-/l/-/e/-/n/ /s/-/u/-/p/-/e/-/r/ /sch/-/ei/-/b/-/e/
Ü187	Plosive	/d/-/u/ /d/-/i/-/r/ /t/-/au/-/b/-/e/ /t/-/a/-/l/ /d/-/a/-/r/-/u/-/m/ /t/-/u/-/r/-/m/ /sch/-/a/-/d/-/e/ /t/-/a/-/sch/-/e/ /t/-/i/-/sch/
Ü188	Plosive	/k/-/u/ (Kuh) /g/-/i/-/f/-/t/ /k/-/a/-/b/-/e/-/l/ /g/-/a/-/n/-/s/ /g/-/u/-/t/ /g/-/e/-/b/-/e/-/n/ /k/-/e/-/k/-/s/ /t/-/i/-/g/-/e/-/r/ /k/-/n/-/a/-/l/ (Knall)
		Klasse 2–3
Ü189	Alle Lautgruppen	/h/-/au/-/s/ /w/-/a/-/g/-/e/-/n/ /f/-/l/-/a/-/sch/-/e/ /t/-/ei/-/l/ /r/-/o/-/s/-/e/ /sch/-/ei/-/b/-/e/ /w/-/o/-/h/-/i/-/n/ /t/-/i/-/sch/ /r/-/i/-/ch/-/t/-/i/-/g/ /o/-/n/-/k/-/e/-/l/ /sch/-/w/-/e/-/s/-/t/-/e/-/r/ /k/-/e/-/k/-/s/ /sch/-/ö/-/n/ /h/-/eu/-/t/-/e/ /r/-/au/-/sch/-/e/-/n/
Ü190	Plosive und Frikative	/z/-/au/-/n/ /p/-/a/-/p/-/i/ /b/-/au/-/m/ /z/-/a/-/l/-/e/-/n/ (Zahlen) /m/-/ei/-/s/-/e/ g/-/e/-/b/-/t/ /k/-/u/-/r/-/b/-/e/-/l/ /g/-/a/-/n/-/s/ /g/-/u/-/t/ /b/-/e/-/b/-/e/-/n/ /k/-/e/-/k/-/s/ /b/-/u/-/sch/
Ü191	Alle Lautgruppen	/m/-/au/-/s/ /w/-/a/-/n/-/g/-/e/ /l/-/a/-/g/-/e/-/r/ /g/-/a/-/n/-/z/ /h/-/o/-/s/-/e/ /sch/-/a/-/l/-/e/ /d/-/a/-/h/-/i/-/n/ /r/-/a/-/sch/ /f-/-/i/-/n/-/g/-/e/-/r/ /w/-/e/-/r/ /w/-/u/-/r/-/m/ /t/-/a/-/n/-/t/-/e/ /k/-/e/-/k/-/s/ /sch/-/o/-/n/ /l/-/eu/-/t/-/e/ /t/-/au/-/sch/-/e/-/n/

Tabelle A26: *Beispielwörter für die Phonemsynthese mit Schreibübung (Ü192)*

Übung	Beispielworte	
	Ich diktiere euch jetzt einzelne Laute und ihr sollt die Buchstaben dazu hintereinander aufschreiben.	
Klasse 1–3		
Ü192	1.	/n/-/u/-/n/
	2.	/sch/-/o/-/n/
	3.	/g/-/a/-/r/-/t/-/e/-/n/
	4.	/l/-/e/-/b/-/e/-/n/
	5.	/a/-/r/-/b/-/ei/-/t/-/e/-/n/
	6.	/i/-/ch/
	7.	/h/-/a/-/s/-/e/
	8.	/m/-/o/-/r/-/g/-/e/-/n/
	9.	/t/-/a/-/g/
	10.	/p/-/au/-/s/-/e/

Tabelle A27: *Beispielwörter für die Phonemanalyse (Ü193 bis Ü201)*

Übung	Beispielwörter
	Ich sage euch jetzt verschiedene Wörter. Ihr sollt mir sagen, aus welchen Lauten diese Wörter bestehen. Aber achtet darauf, dass ihr die Laute in der richtigen Reihenfolge nennt!
Klasse 1–3	
Ü193	Omi, nur, im, mehr, malen
Ü194	Zaun, Fisch, Eule, Euro, Schein
Ü195	Zeile, Schale, Seife, Masche, Name
Ü196	malen, leimen, schulen, losen, schaden
Ü197	Herz, Schilf , Filz, Scheune, sein
Ü198	Feile, Tische, Prinz, Tasche, Dame
Ü199	heizen, reiben, schwarz, mosern, schieben
Ü200	Haus, Wagen, Flasche, Tal, Bruder, Briefe, morgen, Wald, schreiben, leuchten, Blume, Gabel, Tafel, Zeit, scharf
Ü201	Maus, Lager, ganz, graben, Brause, sorgen, schrauben, Blüte, Kabel, Teufel, seit, zart

Tabelle A28: Beispielwörter für die Phonemumkehr (Ü202 bis Ü206)

Übung	Beispielwörter
	Ihr müsst die ersten beiden Laute in diesen Wörtern in der Reihenfolge umdrehen, den Rest aber so lassen.
Klasse 1–3	
Ü202	uzm (zum), ischff (Schiff), lef (elf), ifsch (Fisch), atl (Tal)
Ü203	aulte (Laute), ardio (Radio), laso (also), rfagen (fragen), aktze (Katze), öknig (König), anse (Nase)
Klasse 2–3	
Ü204	imst (Mist), orst (Rost), ievl (viel), ault (laut), ufß (Fuß)
Ü205	asgen (sagen), ratig (artig), elben (leben), ulstig (lustig)
	Es gibt auch richtige Wörter – wenn wir da die ersten beiden Laute vertauschen, dann ergeben sich trotzdem auch richtige Wörter.
Ü206	erst – Rest, Alge – Lage, Ort – rot, Rente – Ernte, Erde – Rede, Nagel – Angel, Art – Rat

Tabelle A29: Beispielwörter für die Wortumkehr mit Schreibübung (Ü207 bis Ü223)

Übung	Beispielwörter
	Sprecht diese Wörter rückwärts und schreibt sie dann auf.
Klasse 1–3	
Ü207	chi (ich), cha (ach), sum (Mus), mu (um), ni (in), mi (im), na (an)
Ü208	chim (mich), chan (nach), sum (Mus), nosch (schon), muz (zum), lam (mal), schif (Fisch), amo (Oma), gat (Tag)
Ü209	eman (Name), esan (Nase), redo (oder), reba (aber)
Ü210	nebol (loben), legek (Kegel)
Klasse 2–3	
Ü211	bo (ob), ba (ab)
Ü212	gam (mag), dar (Rad), nosch (schon), nösch (schön), schif (Fisch), bol (Lob)
Ü213	gulf (Flug), gnal (lang), dlisch (Schild), knat (Tank), dnik (Kind)
Ü214	lefausch (Schaufel), kirbaf (Fabrik)
Ü215	sol (Los), ruz (zur), saul (Laus), rüt (Tür)
Ü216	mrut (Turm), eton (Note), elasch (Schale)
Ü217	nerühf (führen), negel (legen), ressem (Messer)
Ü218	negros (sorgen), etekap (Pakete), nenrut (turnen)
Ü219	*[nur, falls die anderen Wörter nicht schon zu schwer waren:]* saulokin (Nikolaus)
Ü220	rim (mir), nam (man), saur (raus), lat (Tal)
Ü221	frasch (scharf), reda (Ader), redo (oder), apap (Papa)
Ü222	egarf (Frage), nerahf (fahren), negül (lügen), retem (Meter)
Ü223	negrom (morgen), nekrem (merken), etekar (Rakete), nenrat (tarnen)

Tabelle A30: *Beispielwörter für das Silbenschwingen (Ü224)*

Übung	Beispielwörter
	Wir können Silben durch Schwingen sichtbar machen: Wir versuchen zu erkennen, wie viele Silben diese Wörter haben, und zu jedem Wort die Schwünge zu machen.
	Klasse 1–3
Ü224	Ohr, Stuhl, Tisch, Bein, Arm, Bauch, Hand
	Vogel, Auge, Kugel, Mama, Papa, Oma
	Ananas, Banane, Zitrone, Erdbeere, Melone, Tomate, Paprika, Weintraube
	Apfelsine, Mandarine, Stachelbeere, Apfelkuchen

Tabelle A31: *Beispielwörter für Übungen zum Erkennen der Vokallänge (Ü225)*

Übung	Beispielwörter
	Ich sage euch jetzt immer zwei Wörter, die sich ähnlich anhören – trotzdem gibt es einen Unterschied. Den sollt ihr herausfinden und mir sagen.
	Klasse 2–3
Ü225	mutig – Mutter *[Achtet auf das /u/. Hört sich das bei den beiden Wörtern unterschiedlich an?]*
	raten – Ratten *[Achtet auf das /a/. Hört sich das bei den beiden Wörtern unterschiedlich an?]*
	Beet – Bett *[Achtet auf das /e/. Hört sich das bei den beiden Wörtern unterschiedlich an?]*
	im – ihm *[Achtet auf das /i/. Hört sich das bei den beiden Wörtern unterschiedlich an?]*
	bieten – bitte *[Achtet auf das /i/. Hört sich das bei den beiden Wörtern unterschiedlich an?]*
	rot – Motte *[Achtet auf das /o/. Hört sich das bei den beiden Wörtern unterschiedlich an?]*
	Hüte – Hütte *[Achtet auf das /ü/. Hört sich das bei den beiden Wörtern unterschiedlich an?]*

Tabelle A32: *Beispielwörter für Übungen zum Erkennen des langen oder kurzen Vokals (Ü226 bis Ü230)*

Übung	Laut	Beispielwörter	Beispielwörter
		Bei zwei Wörtern ist dieser Laut immer lang, bei einem aber kurz, das sollt ihr mir nennen.	***Bei zwei Wörtern ist dieser Laut immer kurz, bei einem aber lang, das sollt ihr mir nennen.***
Klasse 2–3			
Ü226	/u/	Lupe, Hupe, Kutte	Puppe, Struppi, Tute
	/a/	Nabel, Natter, Nagel	halt, kalt, kahl
	/a/	Kasten, Namen, Vasen	nass, Pappe, Rasen
	/i/	Wiese, Rispe, Riese	niedrig, nichts, tippen
	/u/	Uhr, unten, Ufer	ulkig, und, Uta
	/o/	oft, oder, Opa	Otter, offen, Ofen
Ü227	/u/	Rufe, Hufe, Hummel	Nuss, Turm, Huhn
	/i/	Kisten, niesen, Wiesen,	Lippe, Kippe, Liebe
	/a/	Wal, Saal, Wald	aber, alle, alt
Ü228	/o/	wohnen, schonen, kommen	hoffen, sonnen, holen
	/e/	Meer, Teer, Brett	hell, sehr, schnell
	/u/	Hund, Ruhm, Mut	nun, zum, dumm
		Ich sage euch jetzt immer drei Quatschwörter. Bei zwei Wörtern ist dieser Laut immer lang, bei einem aber kurz, das sollt ihr mir nennen.	*Ich sage euch jetzt immer drei Quatschwörter. Bei zwei Wörtern ist dieser Laut immer kurz, bei einem aber lang, das sollt ihr mir nennen.*
Ü229	/u/	suuk, luck, muuk	dull, ruul, wull
	/e/	seen, reen, kenn	meen, fenn, lemm
	/o/	nool, goll, fool	joll, koll, rohl
	/a/	laar, faap, napp	naan, fann, lann
Ü230	/i/	dien, rien, linn	minn, ginn, hien
	/u/	kull, wuul, huul	nupp, kutt, luut
	/a/	raas, kass, naal	paal, schatt, lall
	/a/	hamm, daam, saam	haal, pall, rall

Tabelle A33: *Beispielwörter für das Schlangenspiel (Ü231 bis Ü248)*

Übung	Beispielwörter (schwarz) und Instruktionen des Spielleiters (grau)
	Ich sage euch ein Wort. Dann rufe ich jemanden auf und sage ihm, welchen Laut er in dem Wort ändern soll usw.
Klasse 2–3 (Pseudowörter, ohne Schreibübung)	
Ü231	Anna → (*a* zu *e*) → enne → (*e* zu *i*) → inni → (*i* zu *u*) → unnu
	Uhu → (*u* zu *o*) → oho → (*o* zu *a*) → aha → (*a* zu *e*) → ehe
	Mann → (*a* zu *e*) → menn → (*e* zu *i*) → minn → (*i* zu *o*) → monn → (*o* zu *u*) → munn
	Kamm → (*a* zu *i*) → kimm → (*i* zu *u*)→ kumm → (*u* zu *e*) → kemm → (*e* zu *o*) → komm
	Ananas → (*a* zu *e*) → enenes → (*e* zu *i*) → ininis → (*i* zu *o*) → ononos
Klasse 1–3 (echte Wörter, mit Schreibübung)	
Ü232	nun → (*u* zu *ei*) → nein → (erstes *n* zu *m*) → mein → (*m* weglassen) → ein → (*ei* zu *i*) →in → (*i* zu *a*) → an → (*n* zu *m*) → am → (*a* zu *u*) → um
Ü233	Ei → (*n* anhängen) → ein → (*ei* zu *a*) → an → (*a* zu *i*) → in → (*n* zu *m*) → im → (Wort umdrehen und *r* anhängen) → mir → (*a* anhängen) → Mira → (*m* zu *l*) →Lira → (*r* zu *l*) → lila → (zweites *l* zu *m*) → Lima → (*i* zu *a*) → Lama → (erstes *a* zu *ei* und zweites *a* weglassen) → Leim → (*e* und *n* anhängen) → leimen → (*l* zu *r*) → reimen → (*n* weglassen) → Reime
Ü234	Mama → (zweites *a* zu *i*) → Mami → (zweites *m* zu *l*) → Mali → (*i* zu *e*) → male → (*n* anhängen) → malen → (*a* zu *au*) → maulen → (*e* und *n* weglassen) → Maul
Ü235	faul → (*f* zu *m*) → Maul → (*e* und *n* anhängen) → maulen → (*au* zu a) → malen → (*m* zu *sch*) → Schalen → (*a* zu *u*) → Schulen → (*n* weglassen) → Schule
Ü236	nun → (*u* zu *ei*) → nein → (*n* zu *m*) → mein → (*m* weglassen) → ein → (*s* davor setzen) → sein → (*s* zu *sch*) → Schein → (*n* zu *ch*) → Scheich → (*ei* zu *a*) → Schach → (*sch* zu *m*) → mach → (*e* und *n* anhängen) → machen → (*m* zu *l*) → lachen → (*l* zu *r*) → Rachen → (*a* zu *e*) → Rechen → (erstes *e* zu *ei*) → reichen → (*ch* zu *m*) → reimen → (*r* zu *l*) → leimen → (*e* und *n* weglassen) → Leim
Ü237	Ei → (*n* anhängen) → ein → (*sch* davor setzen) → Schein → (*e* und *n* anhängen) → scheinen → (*sch* zu *l*) → Leinen → (zweites *n* weglassen) → Leine → (*ei* zu *au*) → Laune → (*n* zu *f*) → laufe → (*n* anhängen) → laufen → (*f* zu *sch*) → lauschen → (*l* zu *r*) → rauschen → (*sch* zu *ch*) → rauchen → (*e* und *n* weglassen) → Rauch → (*ch* weglassen) → rau → (*s* anhängen) → raus → (*r* weglassen) → aus → (*s* nach vorn verschieben) → Sau
Ü238	jeder → (*j* zu *l*) → Leder → (*d* zu *b*) → Leber → (*r* zu *n*) → leben → (erstes *e* zu *o*) → loben → (*l* weglassen) → oben → (*n* zu *r*) → Ober → (*b* zu *d*) → oder
Ü239	ja → (*n* und *a* anfügen) → Jana → (erstes *a* in *u* und zweites *a* in *i* verwandeln) → Juni → (*n* zu *l*) → Juli → (*j* zu *m*) → Muli → (*u* zu *a*) → Mali → (*i* zu *e*) → male → (*n* anhängen) → malen → (*a* zu *au*) → maulen → (*e* und *n* weglassen) → Maul → (*l* zu *t*) → Maut → (*m* zu *h*) → Haut → (*h* zu *l*) → laut
Ü240	Hafen → (*f* zu *s*) → Hasen → (*h* zu *r*) → Rasen → (*a* zu *ei*) → reisen → (*n* weglassen) → Reise → (*r* zu *l*) → leise → (*l* zu *w*) → weise → (*w* zu *m*) → Meise

Klasse 2–3 (echte Wörter, mit Schreibübung)	
Ü241	meine → (*m* zu *k*) → keine → (hinter *k* ein *l* einfügen) → kleine → (*k* weglassen) → Leine → (*ei* zu *au*) → Laune → (*n* zu *b*) → Laube → (*l* zu *t*) → Taube → (*au* zu *u*) → Tube → (ein *s* davor setzen) → Stube
Ü242	Räume → (*äu* zu *au* und *e* weglassen) → Raum → (*au* zu *ei*) → Reim → (*r* zu *l*) → Leim → (*e* und *n* anhängen) → leimen → (*m* zu *n*) → Leinen → (letztes *n* weglassen) → Leine → (*ei* zu *au*) → Laune
Ü243	eilen → (*n* am Ende weglassen) → Eile → (*ei* zu *eu*) → Eule → (*l* zu *r*) → eure → (*e* am Ende zu *o*) → Euro
Ü244	Star → (*k* anhängen) → stark → (*s* und *t* zu *p*) → Park → (*e* und *n* anhängen) → parken → (*a* zu *au* und *r* weglassen) → pauken → (*k* zu *s*) → Pausen → (*p* zu *l*) → lausen → (*au* zu *ö*) → lösen → (*ö* zu *o*) → losen → (*n* am Ende weglassen) → Lose → (*l* zu *d*) → Dose → (*d* zu *r*) → Rose → (*e* zu *t*) → Rost → (*e* und *n* anhängen) → rosten → (*r* zu *k*) → kosten → (*k* weglassen) → Osten → (*e* und *n* weglassen) → Ost → (*s* zu *r*) → Ort
Ü245	schon → (*o* zu *ö*) → schön → (*ö* zu *ei*) → Schein → (*sch* zu *st*) → Stein → (*st* zu *s*) → sein → (*n* zu *t*) → seit → (*s* zu *z*) → Zeit → (*t* zu *l* und *e* anhängen) → Zeile → (*z* zu *m*) → Meile
Ü246	schade → (*sch* zu *f*) → fade → (*n* anhängen) → Faden → (*f* zu *l*) → Laden → (d zu b) → laben → (*l* zu *r*) → Raben → (*b* zu *t*) → raten → (langes *a* in kurzes *a* umwandeln und *t* verdoppeln) → Ratten → (*r* zu *sch*) → Schatten → (*sch* zu *h*) → hatten
Ü247	mit → (*d* und *a* davor setzen) → damit → (*m*, *i* und *t* weglassen) → da → (*d* zu *j*) → ja → (*n* und *a* anfügen) → Jana → (erstes *a* in *u* und zweites *a* in *i* verwandeln) → Juni → (*n* zu *l*) → Juli
Ü248	Lüge → (*n* anhängen) → lügen → (*l* zu *r*) → rügen → (*n* weglassen) → Rüge → (*g* zu *b*) → Rübe → (*ü* zu *a*) → Rabe → (*b* zu *ch*) → Rache → (*n* anhängen) → Rachen → (*r* zu *l*) → lachen → (*a* zu *ä* und nach *e* ein *l* einfügen) → lächeln → (erstes *l* zu *f*) → fächeln → (*l* und *n* durch *r* ersetzen) → Fächer → (*e* und *r* weglassen, *ä* in *a* umwandeln) → Fach → (*f* zu *d*) → Dach → (*e* und *r* anfügen, *a* in *ä* umwandeln) → Dächer → (*d* in *t* und *ä* in *ü* umwandeln) → Tücher → (*e* und *r* weglassen, *ü* und *u* umwandeln) → Tuch → (*t* zu *b*) → Buch → (*u* zu *ü* umwandeln sowie *e* und *r* anfügen) → Bücher → (*ü* zu *ä* umwandeln und *ch* zu *ck* umwandeln) → Bäcker → (*ä* zu *a* und *r* zu *n*) → backen → (*a* zu *ü*) → bücken → (*ü* zu *u* und *n* zu *l*) → Buckel

Tabelle A34: *Beispielwörter für das Schlangenspiel (Ü249 bis Ü260)*

Übung		Beispielwörter (schwarz) und Instruktionen des Spielleiters (grau)
		Ich sage euch ein Wort. Dann rufe ich jemanden auf und sage ihm, welchen Laut er in dem Wort ändern soll usw.
		Klasse 2–3
Ü249	Konsonantendopplung	Kanne → (*k* weglassen) → Anne → (*n* zu *m*) → Amme → (*h* davor setzen und *r* anhängen) → Hammer → (*a* zu *u*) → Hummer
Ü250		bitte → (*b* zu *m*) → Mitte → (*i* zu *a*) → Matte → (*m* zu *l*) → Latte → (*a* zu *au*)* → Laute → (*t* zu *b*) → Laube → (*l* zu *t*) → Taube → (*au* zu *u*) → Tube → (ein *s* davor setzen) → Stube → (*u* zu *ä*) → Stäbe → (*ä* zu *a* und *e* weglassen) → Stab → (langes *a* zu kurzem *a* und *b* zu *m*)** → Stamm → (*a* zu *ä* und *e* anhängen) → Stämme → (*ä* zu *i*) → Stimme
		Klasse 3
Ü251	Konsonantendopplung am Wortende	stimmt → (*t* zu *e*) → Stimme → (*n* anhängen) → stimmen → (*st* zu *sch* und danach ein *w* einfügen) → schwimmen → (*e* und *n* durch *t* ersetzen) → schwimmt
Ü252		kommen → (*n* weglassen) → komme → (*e* weglassen) → komm → (*o* zu *a*) → Kamm → (*a* zu *ä* und *e* anhängen) → Kämme → (*n* anhängen) → kämmen
Ü253		tollen → (*e* und *n* weglassen) → toll → (*t* zu *s*) → soll → (*e* und *n* anhängen) → sollen → (nach zweitem *l* ein *t* einfügen) → sollten
		Klasse 2–3
Ü254	Vorsilben	lesen → (*ver* davor setzen) → verlesen → (erstes *e* zu *o*) → vorlesen → (*s* zu *g*) → vorlegen → (*o* zu *e*) → verlegen → (ver weglassen) → legen → (*a* und *n* davor setzen) → anlegen → (erstes *e* zu *ü*) → anlügen → (*an* weglassen) → lügen → (*l* zu *r*) → rügen → (*g* zu *b*) → Rüben → (*r* weglassen) → üben → (*ein* davor setzen) → einüben
		Klasse 3
Ü255	Vor- und Nachsilben	verreisen → (*ver* weglassen) → reisen → (*n* weglassen) → Reise → (*ei* zu *o*) → Rose → (*r* zu *l*) → Lose → (*n* anhängen) → losen → (*ver* davor setzen) → verlosen → (*v* weglassen) → erlosen → (*o* zu *ö*) → erlösen → (*er* weglassen) → lösen → (*ö* zu *e*) → lesen → (*ver* davor setzen) → verlesen → (erstes *e* zu *o*) → vorlesen → (*en* zu *ung*) → Vorlesung → (*o* und *e* vertauschen) → Verlosung
Ü256		verabschieden → (*e* und *n* am Ende durch *ung* ersetzen) → Verabschiedung → (*ver* und *ung* weglassen) → Abschied
Ü257		verheilen → (*ver* weglassen) → heilen → (*en* zu *ung*) → Heilung → (*h* zu *t*) → Teilung → (*ung* zu *en*) → teilen → (*ver* davor setzen) → verteilen → (*t* zu *k*) → verkeilen → (*ver* und *en* weglassen) → Keil → (*k* zu *b*) → Beil → (*ei* zu *a*)** → Ball → (*l* zu *n*) → Bann → (*ver* davor setzen und *en* anhängen) → verbannen → (*en* zu *ung*) → Verbannung

Anmerkung: * Beim Schreiben auf Konsonantenvereinfachung achten. ** Beim Schreiben auf Konsonantendopplung achten.

Klasse 3		
Ü258	qu	**er** → (*d* davor setzen) → **der** → (*d* zu *qu*) → **quer** → (*qu* zu *w*) → **wer** → (*sch* davor setzen) → **schwer** → (*e* anhängen) → **Schwere** → (erstes (langes) *e* zu kurzes *e* und *r* zu *l*)** → **Schwelle** → (*sch* zu *qu* und *w* weglassen) → **Quelle** → (*e* zu *a*) → **Qualle** → (*qu* weglassen) → **alle** → (*f* davor setzen) → **Falle** → (*n* anhängen) → **fallen** → (*vor* davor setzen) → **vorfallen** → (*en* weglassen) → **Vorfall**
Klasse 2–3		
Ü259	Auslautverhärtung	**Hand** → (*a* zu *ä* und *e* anhängen) → **Hände** → (*ä* zu *u*) → **Hunde** → (*e* weglassen) → **Hund** → (*h* zu *m*) → **Mund** → (*u* zu *ü* und *e* und *r* anhängen) → **Münder** → (*m* zu *k* und *ü* zu *i*) → **Kinder** → (*e* und *r* weglassen) → **Kind** → (*k* zu *r*) → **Rind** → (*i* zu *u*) → **rund** → (*e* anhängen) → **Runde** → (*r* zu *w*) → **Wunde** → (*e* weglassen) → **wund**
Ü260		**rund** → (*e* anhängen) → **Runde** → (*r* zu *h*) → **Hunde** → (*e* weglassen) → **Hund** → (*u* zu *ä* und *e* anhängen) → **Hände** → (*ä* zu *a* und *e* weglassen) → **Hand** → (*h* zu *b*) →**Band** → (*e* anhängen) → **Bande** → (*a* zu *ä*) → **Bände** → (*r* anhängen) → **Bänder** → (*n* weglassen) → **Bäder** → (*ä* zu *a* und *e* und *r* weglassen) → **Bad**

Anmerkung: ** Beim Schreiben auf Konsonantendopplung achten.

Tabelle A35: *Rätselwörter für das Hamsterspiel für die Klassen 1 bis 3 (Ü261 bis Ü266)*

Hinweis: Für alle Hamsterübungen stehen **Arbeitsblätter** und **Folien** zur Verfügung (siehe beiliegende CD).

Übung	Buchstaben	Beispielwort	Rätselwörter
Auf der Folie seht ihr immer ein Wort, bei dem ein Buchstabe fehlt. An der Stelle ist ein langer Strich. Ihr sollt mir sagen, ob dort ein ... oder ein ... hinein muss.			
Klasse 1			
Ü261	M/m oder N/n	„u__" (um)	_aus (M) / _adel (N) / ge_au (n) / _eise (M) / zu_ (m) / rufe_ (n) / _agel (N) / _utig (m) / _ull (N) / Lade_ (n) / _alen (m) / _icht (n) / A_pel (m) / sage_ (n) / _a_a (M/m)
Ü262	S/s oder Z/z	„__ein" (sein)	lei_e (s) / Mau_ (s) / _u (z) / Mei_e (s) / _aun (Z) **/ _eile (Z) / _eile (S)** / _ein (s) / au_ (s) / _um (z) / Lau_ (s) / _orn (Z) / _immer (Z) / _onne (S) / Na_e (s)
Ü263	B/b oder P/p	„__eil" (Beil)	_all (B) / ha_en (b) / _ause (P) / _rei (B) / Na_el (b) / _lanen (p) / _erle (P) / a_er (b) / _lume (B) / _reis (P) / Ra_e (b) / Lu_e (p) / _lase (B) / lo_en (b) / _a_a (P/p)
Ü264	D/d oder T/t	„__u" (du)	Hu_ (t) / _ose (D) / _uschen (d) / _rei (d) / _ore (T) / _raum (T) / Er_e (d) / un_en (t) / Mona_ (t) / Na_el (d) / ra_en (t) / _urm (T) / o_er (d) / La_en (d) / _un (t)
Ü265	G/g oder K/k	„__ein" (kein)	_raut (K) / zei_en (g) / **_erne (g) / _erne (K)** / Na_el (g) / _ind (K) / _alt (k) / Fra_e (g) / _enau (g) / **_abel (K) / _abel (G)** / _eben (g) / _leben (k) / dan_e (k) / _e_s (K/k)
Klasse 1 – 3			
Ü266	S/s, Z/z, SCH/sch oder F/f	„__um" (zum)	Ma__e (sch) / _unge (Z) / _inger (F) / _amen (S) / __ule (Sch) / Ku_e (f) / _wirn (Z) / Na_e (s) / / Fla__e (sch) **/ rau_en (sch) / rau_en (f)** / _reiben (sch) **/ _eile (S) / _eile (Z) / _eile (F)**

Anmerkung: Die hervorgehobenen Wörter können jeweils auch in der umgekehrten Reihenfolge genannt werden.

***Tabelle A36:** Rätselwörter für das Hamsterspiel für die Klassen 2–3 (Ü267 bis Ü279)*

Hinweis: Für alle Hamsterübungen stehen **Arbeitsblätter** und **Folien** zur Verfügung (siehe beiliegende CD).

Übung	Buchstaben	Beispiel	Rätselwörter
Auf der Folie seht ihr immer ein Wort, bei dem ein Buchstabe fehlt. An der Stelle ist ein langer Strich. Ihr sollt mir immer sagen, ob dort ein ... oder ein ... hinein muss.			
Klasse 2–3			
Ü267	eu oder äu	„n__“ (neu)	B__me (äu) / H__ (eu) / R__me (äu) / M__te (eu) / L__te (eu) / t__er (eu) / M__ler (äu) / sch__men (äu) / L__fer (äu) / tr__ (eu) / R__ber (äu) / aufr__men (äu) / __le (Eu) / s__bern (äu) / F__er (eu) *Sonderaufgabe: Wie schreibt man denn „Europa“? Und wie schreibt man dann „Euro“?*
Ü268	Z/s oder S/s	„_ein“ (sein)	_ange (Z) / _augen (s) / _war (z) / Mei_e (s) / _um (z) / **_eile (Z) / _eile (S)** / _ingen (s) / au_ (s) / _ug (Z) / _ogar (s) / _ur (z) / lei_e (s) / _aun (Z) / Mäu_e (s)
Ü269	B/b oder P/p	„_eil“ (Beil)	_all (B) / ha_en (b) / _ause (P) / _rei (B) / Na_el (b) / _lanen (p) / _erle (P) / a_er (b) / _lume (B) / _a_a (P/p) / _rost (P) / _us (B) / Lam_e (p) / sau_er (b) / Kum_el (p)
Ü270	D/d oder T/t	„_u“ (du)	Hu_ (t) / _icht (d) / _ornen (D) / _rei (d) / _ore (T) / _raum (T) / Er_e (d) / un_en (t) / Mona_ (t) / Na_el (d) / Nu_el (d) / mun_er (t) / La_en (d) / rei_en (t) / _uba (T)
Ü271	G/g oder K/k	„_ein“ (kein)	**_reis (K) / _reis (G) / _erne (g) / _erne (K)** / Na_el (g) / _ind (K) / _asten (K) / Fra_e (g) / _enau (g) / _e_s (K/k) / zei_en (g) / _auen (k) / un_lar (k) / Mor_en (g) / _reide (K)
Ü272	B/b, P/p, D/d, T/t, G/g oder K/k	„_ei“ (bei)	_urg (B) / _raum (T) / _lan (P) / _estern (g) / fra_en (g) / _laudern (p) / **_auer (D) / _auer (B)** / _urm (T) / _a_i (P/p) / _ästen (K) / A_fel (p) / **_anne (K) / _anne (T) / _anne (P)**
Ü273	Sch/sch, Sp/sp oder St/st	„_on“ (schon)	___al (Sch) / ___art (St) / ___arf (sch) / ___rung (Sp) / **___ule (Sch) / ___ule (Sp)** / ___ern (St) / ___enden (sp) / ___aufel (Sch) / **___ange (St) / ___ange (Sp)** / ___aub (St) / ___laf (Sch) / ___eigen (st) / _ringen (sp)
Ü274	Sch/sch, Sp/sp oder St/st (Wiederholung 1)		___ardose (Sp) / ___aubig (st) / ___affen (sch) / ___ricken (st) / _itzen (sp) / _reiben (sch) / _rafe (St) / ___uhl (St) / _nee (Sch) / _ürmisch (st) / ___ale (Sch) / ___ort (Sp) / ___ön (sch) / ___ehen (st) / ___äne (Sp)
Ü275	Sch/sch, Sp/sp oder St/st (Wiederholung 2)		___urten (sp) / ___lau (sch) / **___iel (Sp) / ___iel (St)** / ___üssel (Sch) / ___imme (St) / **_ielen (sp) / ___ielen (sch)** / ___iefel (St) / **_ein (Sch) / _ein (St)** / wa___en (sch) / _ark (st) / _annung (Sp) / _okolade (Sch)
Ü276	Konsonanten-dopplung?	„Son__e“ (Sonne)	Ket_e (ja) / Mag_en (nein) / les_en (nein) / im_er (ja) / fal_en (ja) / hat_e (ja) / mut_ig (nein) / Sup_e (ja) / geb_en (nein) / Taf_el (nein) / reim_en (nein) / sum_en (ja) / kip_en (ja) / ruf_en (nein) / Ras_el (ja)
Ü277	Konsonantendopplung? (Wiederholung 1)		sol_en (ja) / Pup_e (ja) / Bohn_e (nein) / müs_en (ja) / kom_en (ja) / trag_en (nein) / Haar_e (nein) / nen_en (ja) / klir_en (ja) / pauk_en (nein) / lauf_en (nein) / reis_en (nein) / kul_ern (ja) / Rum_el (ja) / ras_en (nein)
Ü278	Konsonantendopplung? (Wiederholung 2)		kön_en (ja) / Krag_en (nein) / rol_en (ja) / Söhn_e (nein) / wis_en (ja) / rauf_en (nein) / Bes_en (nein) / Mit_e (ja) / Schup_en (ja) / Zim_er (ja) / Waf_el (ja) / leb_en (nein) / gefal_en (ja) / wol_en (ja) / Seif_e (nein)
Ü279	V/v oder F/f	„_ati“ (Vati)	_ier (v) / _ragen (f) / _eilen (f) / _or (v) / _erteilen (v) / _inger (F) / _orlesen (v) / _alsch (f) / _ater (V) / _ogel (V) / _om (v) / _oll (v) / _allen (f) / _iertel (v) / Ta_el (f)

Anmerkung: Die hervorgehobenen Wörter können jeweils auch in der umgekehrten Reihenfolge genannt werden.

Tabelle A37: *Rätselwörter für das Hamsterspiel für die Klasse 3 (Ü280 bis Ü286)*

Hinweis: Für alle Hamsterübungen stehen **Arbeitsblätter** und **Folien** zur Verfügung (siehe beiliegende CD).

Übung	Buchstabe	Beispielwort	Rätselwörter
Auf der Folie seht ihr immer ein Wort, bei dem ein Buchstabe fehlt. An der Stelle ist ein langer Strich. Ihr sollt mir immer sagen, ob dort ein ... oder ein ... hinein muss.			
Klasse 3			
Ü280	ck oder K/k	„di__er" (dicker)	de___en (ck) / wir___en (k) / ___inder (K) / lo___er (ck) / stär___er (k) / pa___en (ck) / He___e (ck) / We___er (ck) / tan___en (k) / par___en (k) / tro__en (ck) / _orn (K) / dun__el (k) / kna__en (ck) / Ja__e (ck)
Ü281	ck oder K/k (Wiederholung)		rü___e (ck) / mer___en (k) / har___en (k) / le___er (ck) / Ban___ (k) / ba___en (ck) / De___e (ck) / re___en (ck) / Pa___et (k) dan___e (k) / me__ern (ck) / _ern (K) / den__en (k) / di__(ck) / E__e (ck)
Ü282	tz oder Z/z	„Hol__" (Holz)	bli___en (tz) / her___lich (z) / Hei___ung (z) / Spri___e (tz) / Wur___el (z) / pla___en (tz) / Hi___e (tz) / Ker___e (z) / Auf___ug (z) / Schan___e (z) / pu__en (tz) / _eitig (z) / Wei__en (z) / si__en (tz) / Pfü__e (tz)
Ü283	tz oder Z/z (Wiederholung)		he___en (tz) / Her___ (z) / Kreu___ (z) / Spi___er (tz) / kur___ (z) / Ka___e (tz) / Mü___e (tz) / Pil___e (z) / Re___ept (z) tan___en (z) / tro__en (tz) / _eit (Z) / hei__en (z) / Ne__ (tz) / tro__dem (tz)
Ü284	Dehnungs-h?	„scho__n" (schon)	ke_ren (ja) / mu_tig (nein) / su_per (nein) / o_ne (ja) / Bo_nen (ja) / la_m (ja) / Schu_le (nein) / Spie_l (nein) / Hi_lfe (nein) / Sta_l (ja) / Scha_l (nein) / Ko_le (ja) / Ja_r (ja) / ro_t (nein) / Sa_ne (ja)
Ü285	Dehnungs-h? (Wiederholung)		me_r (ja) / Mu_t (nein) / fa_ren (ja) / Ra_men (ja) / que_r (nein) / la_m (ja) / Ro_sen (nein) / Stei_n (nein) / Qua_l (nein) / i_r (ja) / lau_fen (nein) / se_r (ja) / beque_m (nein) / schwe_r (nein) / jä_rlich (ja)
Ü286	K/k oder W/w oder Qu/qu?	„Dir__" (Dirk)	har___en (k) / **___er (qu) / ___er (w)** / mer___en (k) / ___atsch (Qu) / ___arum (w) / Pa___et (k) / ___alm (Qu) / ___urm (W) / be___em (qu) / be__egen (w) **/ __eil (w)** / **__eil (K)** / __engeln (qu) / __arnung (W)

Anmerkung: Die hervorgehobenen Wörter können jeweils auch in der umgekehrten Reihenfolge genannt werden.

Tabelle A38: *Übungswörter für Schreibübungen zur Konsonantendopplung (Ü287 bis Ü292)*

Hinweis: Für die Übungen Ü287 bis Ü292 stehen **Arbeitsblätter** und **Folien** zur Verfügung (siehe beiliegende CD).

Übung		**Zu diktierende Wörter**
		Wir wollen die Wörter gleich aufschreiben.
		Klasse 2–3
Ü287	Dopplungsregel einführen	Schreibübung: <tt>: Latte, bitte, Mitte, Mutter, Lotto <pp>: kippen, stoppen <mm>: immer, summen, brummen <nn>: innen, können <ll>: kullern, Teller <ss>: essen, messen Zusätzliche Wörter ohne Doppelkonsonant für Leseübung: kalt, Mist, Apfel, kurz, Dank, Fenster, links, Onkel, morgen, gut, Ameise, Lüge, Lupe, anmalen, Magen, Meter, Monat, Hase
Ü288	Dopplungsregel wiederholen*	<pp>: Suppe, Noppen <mm>: Sommer <nn>: Kanne, Anna <ll>: sollen, rollen <ss>: Kasse, lassen <ff>: hoffen, offen, Koffer, Gaffer
Ü289	Vertiefende Wortstammübungen	Wörter mit Konsonantendopplung: kommen – ankommen, bekommen, Einkommen fallen – umfallen, auffallen, gefallen Zimmer – Badezimmer, Schlafzimmer, Kinderzimmer Suppe – Gemüsesuppe, Suppengrün, Suppenlöffel Wörter ohne Konsonantendopplung: laut – Laute, lauter, lauten Rose – Rosen, rosig, rosa zeigen – Zeiger, Anzeige
		Klasse 3
Ü290	Konsonantendopplung am Wortende	hell – heller, stopp – stoppen, Bett – Betten, Kamm – kämmen, Mann – Männer
Ü291	<ck>-Schreibung	Wörter mit <ck> in der Wortmitte: Acker, Ecke, Schnecke, Jacke, Hecke Wörter mit <ck> am Wortende: dick – dicker, Sack – Säcke, Lack – Lacke, Druck – drucken, Ruck – rucken, Rucksack – Rucksäcke Wörter ohne <ck>: denken, wirken, Dank, pauken
Ü292	<tz>-Schreibung	Wörter mit <tz> in der Wortmitte: Hitze, schwitzen, sitzen, Mütze, Katze, setzen, kratzen, plötzlich, trotzdem Wörter mit <tz> am Wortende: Schmutz, Satz, Netz Wörter ohne <tz> (nach anderem Mitlaut): Herz, herzlich, März, Kerze, kurz, Kranz, Prinz, tanzen, Ranzen, Holz, Pilz, Walze Wörter ohne <tz>: nach <au>, <ei> und <eu>: heizen, Reiz, Schnauze, Kreuz, Kreuzung Wörter ohne <tz>: nach langem Selbstlaut dazu, Polizei, Dezember, Rezept

Anmerkung: * Diese Wörter sollen die Kinder im Schreibheft hinter die Wörter aus der Einführungsübung Ü287 mit gleichem Doppelkonsonanten schreiben.

***Tabelle A39:** Übungswörter für Schreibübungen zum Dehnungs-h (Ü293 bis Ü297)*

Hinweis: Für die Übungen Ü293 bis Ü297 stehen **Arbeitsblätter** und **Folien** zur Verfügung (siehe beiliegende CD).

Übung	Zu diktierende Wörter	
	Klasse 3	
Ü293	Dehnungs-h vor <m>: lahm, zahm, Rahmen Dehnungs-h vor <n>: zehn, Huhn, dehnen	Dehnungs-h vor <r>: sehr, mehr, fahren Dehnungs-h vor <l>: Mehl, Kohl, Kohle
Ü294	Kein Dehnungs-h vor: <b>: aber, leben <p>: super, hupen <d>: reden, jeder <t>: rot, Mut <g>: Wagen, Magen <k>: Laken, Lokal <s>: lesen, Rosen <sch>: Dusche, duschen <f>: Hefe, Hafer <z>: Dezember, wozu	Kein Dehnungs-h nach: <au>: Maurer, Laune <ei>: Feile, keine <äu>: Räume, Säule <eu>: heulen, Keule
Ü295	Wörter mit Dehnungs-h: lahm, ihr, sehr, Sahne, fahren, Bahn Wörter ohne Dehnungs-h: rot, Mut, laut, Rose, zeigen	
Ü296	Kein Dehnungs-h bei Wörtern, die mit <t>, <sch>, <sp>, <kr> beginnen: Schule, Schal, Spule, Span, Tal, Tür, Kran, Kranich	
Ü297	Wörter mit Dehnungs-h: Fahne, Sahne, ohne, Bohne, lohnen, Lehne, fehlen, zahlen, ihr, mehr Wörter ohne Dehnungs-h: Sauna, maulen, keimen, reimen, schon, schön, für	

Tabelle A40: *Übungswörter für vertiefende Wortstammübungen zum Dehnungs-h (Ü298)*

Hinweis: Für die Übung Ü298 steht ein **Arbeitsblatt** und eine **Folie** zur Verfügung (siehe beiliegende CD).

Übung	Zu diktierende Wörter	
	Klasse 3	
Ü298	Wörter mit Dehnungs-h: lahm, lahmen ihr, ihre, ihrer Bahn, anbahnen, Geisterbahn Sahne, sahnig, absahnen fahren, anfahren, Fahrt, Fahrer dehnen, ausdehnen, Ausdehnung	Wörter ohne Dehnungs-h: rot, rötlich Mut, mutig, mutiger laut, Laute, lauter Rose, Rosen, rosig, rosa zeigen, Zeiger, Anzeige

Tabelle A41: *Übungswörter für Schreibübungen zum <ie> (Ü299)*

Hinweis: Für die Übung Ü299 steht ein **Arbeitsblatt** und eine **Folie** zur Verfügung (siehe beiliegende CD).

Übung	Anzahl Buchstaben	Zu diktierende Wörter
		Klasse 3
Ü299	3	die, nie, sie, wie
	4	hier, Knie, lieb, Lied, Sieb, Tier, vier, Ziel
	5	Biene, Brief, diese, Riese, Wiese
	6	biegen, liegen, riesig, Papier, sieben, siegen, wieder, zielen
	7	fliegen, Frieden, frieren, niemals, nieseln, riechen, spielen
	8	Dienstag, kriechen, siebzehn
	9	neugierig, spazieren

Tabelle A42: *Übungswörter für Schreibübungen zur Auslautverhärtung (Ü300 bis Ü306)*

> **Hinweis**: Für die Übungen Ü301 bis Ü306 stehen sowohl **Arbeitsblätter** als auch **Folien** zur Verfügung und für die Übung Ü300 eine **Folie** (siehe beiliegende CD).

Übung	Zu diktierende Wörter	
	Klasse 2–3	
Ü300	<b>/<p>: Lob – stopp <d>/<t>: Rad – rot <g>/<k>: Zug – Tank	Lob – loben / stopp – stoppen Rad – Räder / rot – röter Zug – Züge / Tank – tanken
Ü301	<d> Rad – Räder Wald – Wälder Kleid – Kleider Kind – Kinder Land – Länder Feld – Felder Freund – Freunde	<t> rot – röter Welt – Welten Hut – Hüte weit – weiter hart – härter laut – lauter Gerät – Geräte
Ü302	<g> Zug – Züge Tag – Tage Flug – Flüge Erfolg – Erfolge Sieg – siegen	<k> Tank – tanken Fabrik – Fabriken Dank – danken Bank – Bänke krank – kranker/kränker
Ü303	<b> Lob – loben Raub – rauben gelb – gelbe	<p> stopp – stoppen Tipp – tippen
Ü304	Wiederholungsübung <d> Bild – Bilder Grund – Gründe Schild – Schilder Hand – Hände Hund – Hunde	 <t> bunt – bunter Brett – Bretter Brot – Brote Last – Lasten Zelt – Zelte
	Die Kinder können die Wörter auf das Übungsblatt von Ü301 unter die dort bereits geschriebenen Wörter schreiben.	
Ü305	Wiederholungsübung <g> artig – artiger richtig – richtiger	 <k> sank – sinken trank – trinken
	Die Kinder können die Wörter auf das Übungsblatt von Ü302 unter die dort bereits geschriebenen Wörter schreiben.	
Ü306	Wiederholungsübung <b> Stab – Stäbe Staub – staubig	 <p> Galopp – galoppieren Tipp – tippen
	Die Kinder können die Wörter auf das Übungsblatt von Ü303 unter die dort bereits geschriebenen Wörter schreiben.	

***Tabelle A43:** Übungswörter für Schreibübungen zum <sp> und <st> (Ü308-Ü317)*

Hinweis: Für die Übungen Ü309, Ü313 und Ü317 stehen **Arbeitsblätter** zur Verfügung und für die Übungen Ü308, Ü312 und Ü317 **Folien** (siehe beiliegende CD).

Übung	Zu diktierende Wörter
	Klassen 2–3
Ü308+ Ü309	<st> und <sp> in der Wortmitte und am Wortende <st>: Kasten, Last, Rest, Muster, Kiste, ist, hast, Post, List, gestern, Ostern <sp>: Kasper, knuspern, raspeln, Wespe
Ü311	<st> und <sp> am Wortanfang – Wörter zum Heraushören: sperren, Spule, scheinen, Stuhl, Stimme, schon ...
Ü312+ Ü313	<sch>, <st> und <sp> am Wortanfang – Wörter zur Schreibübung: Spule, Stein, Schule, Stern, sparen, Schein, steigen, Schale, Sport, Stufe, Schal, spinnen
Ü317	Sport, sportlich, Sportart Stein, steinig, Steinschlag schonen, verschonen, Schonung Spule, spulen, abspulen Spüle, spülen, abspülen Stimme, Stimmung, stimmen Schein, scheinen, Anschein

***Tabelle A44:** Übungswörter für Schreibübungen zum <v> und zu den Vorsilben <ver-> und <vor-> (Ü318 und Ü320)*

Hinweis: Für die Übungen Ü318 und Ü320 stehen **Arbeitsblätter** und **Folien** zur Verfügung (siehe beiliegende CD).

Übung	Aufgaben			
	Klasse 2–3			
Ü318	Vati, Vater	verstehen, verkaufen, verbieten, verstellen, verteilen	viel, viele, vielleicht, vier, vierzehn, vierzig	Vogel, voll, völlig, von, vom, vor, voran, voraus, vorüber, vorsichtig, vorgehen, vorstellen
Ü320	Beispielgruppe 1: später, spät, verspäten klein, verkleinern klettern, vorklettern, verklettern haben, vorhaben schön, verschönern Beispielgruppe 2: komm, kommen, vorkommen vormachen, machen, macht vorlesen, lesen, verlesen, mitlesen			

Tabelle A45: *Übungswörter und -geschichte zum Üben von Substantivendungen (Ü321 und Ü322)*

Hinweis: Für die Übung Ü321 steht ein **Arbeitsblatt** und eine **Folie** zur Verfügung (siehe beiliegende CD).

Übung	Zu diktierende Wörter und Übungsgeschichte		
	Klasse 3		
Ü321	-ung: Aufregung Achtung Meinung	-heit: Dunkelheit Gelegenheit Gesundheit	-keit: Ähnlichkeit Möglichkeit Helligkeit
	-schaft: Freundschaft Mannschaft Eigenschaft	-chen: Männchen Blümchen Eichhörnchen	-lein: Männlein Blümlein Häslein
Ü322	Drei kleine **Kaninchen** rannten über den Schulhof. Das war für sie die letzte **Möglichkeit**, den Schulhof ganz für sich zu haben, denn morgen würden die vielen Kinder wieder mit **Begeisterung** überall herumtollen. Dann sind die Ferien zu Ende und die **Kaninchen** müssen sich ganz schnell in **Sicherheit** bringen, denn sie haben große Angst vor den vielen Kindern. Die sind so riesig und achten gar nicht darauf, wo sie hintreten. Manchmal bilden sie auch **Mannschaften** und spielen dann Fußball oder Basketball auf dem Schulhof. Da geht es ganz schön laut zu. Die **Kaninchen** sind dann ziemlich sauer und würden den lauten Kindern gern mal ihre **Meinung** sagen, aber sie trauen sich nicht. Sie wagen sich erst wieder in der **Dunkelheit** aus ihren Löchern. Natürlich sind die **Kaninchen** auch besonders ängstlich – das ist eine ihrer **Eigenschaften**. Mit ein paar Kindern haben die **Kaninchen** aber **Freundschaft** geschlossen. Die kommen manchmal und bringen ihnen **Möhrchen** mit. Zum Dank dürfen die Kinder sie hinter ihren langen, flauschigen **Öhrchen** kraulen.		

Tabelle A46: *Übungswörter für allgemeine Wortstammübungen (Ü323 und Ü324)*

Hinweis: Für die Übungen Ü323 und Ü324 stehen **Arbeitsblätter** und **Folien** zur Verfügung (siehe beiliegende CD).

Übung	Anzahl Buchstaben	Übungswörter	
		Wir suchen jetzt ein Wort, dass mit dem Wort „Bau" (Ruf...) verwandt ist und aus ... Buchstaben besteht.	
	Klasse 1–3		
Ü323	3	Bau	Ruf
	4	baue	rufe
	5	bauen Umbau	rufen Anruf
	6	Bauten	Anrufe
	7	anbauen umbauen	anrufen zurufen
	8	aufbauen	aufrufen
Ü324	4	Rede	male
	5	reden	malen
	6	Redner	gemalt
	7	anreden bereden Ausrede	anmalen bemalen Malerin
	8	ausreden mitreden	ausmalen

Tabelle A47: *Übungswörter für Silbendiktate (Ü325 und Ü333)*

Übung	Was soll geübt werden?	Anzahl Buchstaben	Zu diktierende Wörter
			Klasse 1–3
Ü325	lautgetreu ohne Plosive	3	nun, wir, zum, als, Arm
		4	Salz, also, Film, nach
		5	meine, lesen, Reise, Insel, rufen
		6	Schule, falsch, sicher, lachen, scharf
		7	anmalen, fischen, kichern
		8	rauschen, schlafen
Ü326	lautgetreu mit Plosiven	3	tun, der, rot, Kur, ich
		4	Turm, aber, Baum, Gift, Gras
		5	geben, dabei, Traum, Licht, Kabel, Meter
		6	gerade, Leiter, morgen, parken, planen
		7	dagegen, Kleider, Musiker, trinken, Automat
		8	lauschen, Nikolaus, schalten, tauschen, arbeiten
Ü327	lautgetreu mit Plosiven	3	Ort, Tat, Tal, und, bei
		4	Turm, Gift, Baum, Kran, Tank
		5	Meter, sagen, Kerze, Nacht, Kugel, toben
		6	gerade, Leiter, Preise, Rakete, Tapete
		7	dagegen, Kleider, Bananen, duschen, Oktober
		8	Nikolaus, schalten, tauschen, arbeiten
		9	aufgeregt, mausegrau
		10	dunkelblau, Schokolade
		11	Schularbeit
			Klasse 2–3
Ü328	lautgetreu vs. <sp> sowie <st> und Auslautverhärtung	3	rot, Lob, Tag, alt, Tat
		4	Lang, Bank, Kind, kalt, Stab
		5	Sport, Stern, Spule, Staub
		6	Schale, Freund, Pausen, steigt, Schild
		7	Automat, springt
		8	Schaukel, Kirschen
		9	Schulkind, Geschenke
		10	Schokolade, freundlich

Übung	Was soll geübt werden?	Anzahl Buchstaben	Zu diktierende Wörter
Ü329	lautgetreu vs. <sp> sowie <st>	3	Lob, Mut, Tal, alt, Ort, und
		4	Zaun, Laus, Zelt, aber, Stau
		5	Sport, heute, dabei, schon
		6	Schule, freuen, Kreide, Sterne
		7	steigen, stauben
		8	Sportler, kreiseln
		9	sportlich, Schulhaus
		10	streicheln, ansprechen
		11	Schularbeit
Ü330	lautgetreu vs. Konsonantendopplung sowie v-Schreibung	3	vor, und, rot, Kur, alt
		4	Baum, Gras, warm, komm, Kamm, hell
		5	viele, essen, Kerze, Vater, Knall
		6	sollen, wollen, Leiter, morgen, kommen
		7	klirren, jammern
		8	vorlesen, klettern, verloren
		9	vergessen, vormachen
Klasse 3			
Ü331	lautgetreu vs. Konsonantendopplung und <ck>	3	Lob, Mut, Tag, alt
		4	Ecke, laut, Lack, Kamm
		5	Sport, Knall, knapp, Staub
		6	Schule, fahren, hacken, Freund
Ü332	lautgetreu vs. Konsonantendopplung und <ck>, <tz>	3	Lob, Ort, und, nur
		4	Zeit, Herz, Lack, Pilz
		5	Spatz, Prinz, Ecken, stopp
		6	Rezept, Betten, lecker, tanzen
Ü333	alle Rechtschreibregeln inklusive Substantivendung	3	Lob, Mut, Tag
		4	zahm, Lack, sehr
		5	Sport, Knall, heute
		6	dehnen, fahren, hacken
		7	Achtung, Meinung
		8	Schulung, Blümchen, herzlich, schaffen
		9	sportlich, Kaninchen
		10	Dunkelheit, Mannschaft

Tabelle A48: *Diktattexte (Ü334 bis Ü337)*

Übung	Diktattexte
	Wir schreiben jetzt eine kleine Geschichte auf.
	1. Klasse
Ü334	Der kleine Hase braucht nicht in die Schule gehen. Aber er schreibt seiner Mutter gern Karten.
	2. Klasse
Ü335	Ein kleiner Junge hat einen schönen Tag. Er muss nicht in die Schule gehen und kann mit seiner Schwester auf dicke Bäume klettern. Mit seinem Vater wird er später im Garten Waffeln essen.
Ü336	Morgen sind Ferien und wir brauchen nicht jeden Tag in die Schule gehen. Wir haben einen tollen, warmen Sommer. Ich will oft schwimmen gehen und mit meinen Freunden ganz viel Sport treiben.
	3. Klasse
Ü337	Ab morgen sind vier Wochen Ferien und wir brauchen nicht jeden Tag in die Schule gehen. Wir haben einen tollen, warmen Sommer. Ich will oft schwimmen gehen, spielen und mit meinen Freunden ganz viel Sport treiben.

Tabelle A49: *Leseübungen (Ü338 und Ü340)*

Hinweis: Für alle Leseübungen stehen **Arbeitsblätter** und **Folien** zur Verfügung (siehe beiliegende CD).

Übung	Lesetexte
	Klasse 1–3
Ü338 +Ü339	a) Nasale und Liquide: nun, malen, Mama, Oma, meine, Murmel, Lama, Uli, Irina, Nemo b) Frikative: sausen, schon, Frau, Zeile, zum, schauen, Masche, zischen, rauschen, schmal, Fisch, naschen, Zaun, falsch, Schule
	Klasse 1
Ü340	Nina malt bunte Bilder. Ich rufe morgen bei meiner Oma an. Im Raum scheint eine rote Lampe. Drei Hasen laufen im Kreis. Ein Junge schaut dabei zu. Mama hat gelbe und braune Schleifen. Opa arbeitet mit Holz. Wir singen gern.